Helmut Hofmann

Praktische Einführung in die

Edelsteintherapie

Bedeutung,
Anwendung und Wirkung
der wichtigsten Steine

NATÜRLICH
IRISIANA
GESUND

IRISIANA

Eine Buchreihe herausgegeben von
Margit und Ruediger Dahlke

Die Deutsche Bibliothek – CIP-Einheits-
aufnahme
Hofmann, Helmut:
Praktische Einführung in die Edelstein-
therapie :
Bedeutung, Anwendung und Wirkung der
wichtigsten Steine / Helmut Hofmann. –
München : Hugendubel, 1998
(Irisiana)
ISBN 3-89631-201-4

Umschlaggestaltung: Zembsch' Werkstatt,
München, unter Verwendung eines Fotos
von Horst Heilgendorf und
Helmut Hofmann, Teneriffa
Produktion: Tillmann Roeder, München
Satz und Reproduktion:
Typodata, München
Druck und Bindung: Gorenjski Tisk
Printed in Slovenia

ISBN 3-89631-101-4

Dieses Buch soll nicht den Rat eines Facharztes ersetzen. Der Leser sollte deshalb regelmäßig einen Arzt konsultieren, besonders bei Beschwerden, die eine Diagnose oder medizinische Betreuung erfordern.

Inhalt

Einleitung

Als 1988 mein erstes Buch »Die Botschaft der Edelsteine« erschien, gab es kaum Bücher über die Edelsteintherapie auf dem deutschen Markt. Seither habe ich viele neue Erfahrungen sammeln und mein Wissen an eine Vielzahl an diesem Thema interessierten Menschen weitergeben können. Daß das Interesse an Edelsteinen ständig weiter wächst, sieht man an der kaum noch überschaubaren Anzahl von Titeln zu diesem Thema. Viele Bücher beschränken sich jedoch auf die Beschreibung der Wirkung der Steine. Durch meine Seminare weiß ich jedoch, wie wichtig es ist, eigene Erfahrungen zu sammeln und durch die praktische Anwendung eigene Erfahrungen zuzulassen, der Intuition Raum zu lassen und selbst neue Erkenntnisse zu sammeln.

Durch die Vielzahl der Fotos und die realistische Darstellung der Verwendungsmöglichkeiten soll dieses Buch die Verbindung von der Theorie zur Praxis herstellen. Die wichtigsten Edelsteine sind mit Fotos und einer kurzen Beschreibung dargestellt. Sie sind nach Farben sortiert und den Chakras zugeordnet, so daß Sie einen schnellen Zugriff haben und die Steine leichter finden. Zusätzlich können Sie am Ende des Buches im alphabetischen Register Steine und Suchbegriffe entdecken.

Das Wort *Edelsteine* besagt schon, daß es sich um eine wertvolle, edle und schöne Materie handelt. Seit Urzeiten schmückten sich Menschen mit edlen Steinen, um damit ihre Ausstrahlung und ihr Charisma zu stärken, aber auch, um ihrer Position mehr Macht und Würde zu verleihen. Heute werden Steine immer öfter zur Selbstheilung und Bewußtseinserweiterung eingesetzt. In der Meditation dehnen sich manchmal die Grenzen des *Ich* aus, und wir erkennen die Verbundenheit und Einheit von all dem, was ist. Auch Steine sind, wie Menschen, Tiere und Pflanzen, komplexe Wesen, die durch ihre Farbe, Form, Zusammensetzung und Ausstrahlung wirken können. Gerade auch im Alltag können wir so an ihrer Harmonie teilhaben. Durch achtsame Verwendung der Edelsteine werden uns die Hintergründe und Ursachen unserer emotionalen, mentalen und körperlichen Blockaden bewußter.

Je mehr Erfahrungen wir mit den Edelsteinen sammeln, desto mehr erkennen wir die Kraft, Schönheit und Bedeutung der Steine und desto aufgeschlossener, sensibler und intuitiver können wir agieren. Es wird uns dadurch leichter fallen, unsere Krankheiten zu hinterfragen und die Verantwortung für unsere Gesundheit zu übernehmen. Durch die Liebe zu den edlen Steinen lernen wir auch unsere eigenen schönen, liebevollen Seiten bewußter zu sehen. So werden wir selbst zu Juwelen, die mehr Farbe und Licht in unseren Alltag und unsere Welt bringen.

GESCHICHTE

Steine dienten den Menschen schon immer als Werkzeuge, Waffen, Kultobjekte, Schmuck und Zahlungsmittel. Die Germanen nutzten große Steinblöcke oder Felsen als Versammlungsort. Ägypter, Perser und Azteken ritzten Symbole und Botschaften in Steine. Auch heutzutage werden Kunstobjekte, Denkmäler und Grabschmuck aus Stein gemeißelt und beschriftet, damit sie der Nachwelt erhalten bleiben. Von dem untergegangenen Kontinent Atlantis berichten Sagen von Kristallen und Edelsteinen, die sowohl als kraftvolle Energieverstärker als auch für Heilzwecke benutzt wurden. Griechen und Römer schmückten sich mit Achat, Amethyst, Sardonyx und anderen Steinen, die zu Gemmen oder Kameen geschnitzt wurden.

Die Inder verehrten den Mondstein, weil er mit seinen weiblichen, sanften und phantasievollen Eigenschaften gut zu ihrer Kultur paßte. Edelsteine als wichtige Heilmittel (meist pulverisiert) werden auch heute noch von der indischen Ayurveda-Medizin erfolgreich verwendet. Auch in Europa wurden seit Jahrhunderten Edelsteine, Edelsteinpulver und Trinkelixiere zur Heilung benutzt.

Azteken, Chinesen, Indianer, Inkas, Maya, Perser, Sumerer und andere Völker setzten Edelsteine zur Diagnosefindung, zur Heilung, für Rituale, als Schutzamulette und als Schmuck ein. Weltliche und geistliche Herrscher schmückten ihre Kleidung und Reichsinsignien wie Kronen und Zepter mit wertvollen Steinen, um damit ihre Ausstrahlung, ihre Macht und ihr Ansehen zu verstärken.

Talismane oder Amulette aus Stein werden in allen Kulturen als Glücksbringer und Schutzsteine getragen.

Die Hohenpriester der Israeliten trugen einen mit zwölf edlen Steinen geschmückten Brustschild, wenn sie den Tempel Salomons betreten wollten. Diese Steine symbolisierten die zwölf Stämme Israels.

Hildegard von Bingen, die berühmteste deutsche Mystikerin des Mittelalters, verfaßte mehrere naturheilkundliche Medizinbücher, in denen sie unter anderem auch über die Heilkraft der Edelsteine berichtet. Sie nannte die Steine ein Gottesgeschenk.

Plinius (um 50), der Arzt Galenus (um 130), der griechische Bischof Epiphanius, Marbod von Rennes (um 1050), Albertus Magnus (um 1230) und Agrippa von Nettesheim (um 1500) schrieben ebenfalls über die Verwendung der Edelsteine bei Krankheiten. Rudolf Steiner, der Gründer der Anthroposophie, beschrieb die Verbindung des Menschen zu den Edelsteinen.

Heute weiß man durch wissenschaftliche Experimente, daß Kristalle Informationen speichern und Energie umwandeln können. In Uhren, Feuerzeugen, bei Computern und Laser werden die Eigenschaften der Kristalle genutzt. Sicherlich werden auch zukünftig noch weitere Anwendungsbereiche der Steine entdeckt und genutzt werden.

Die wichtigsten Steine

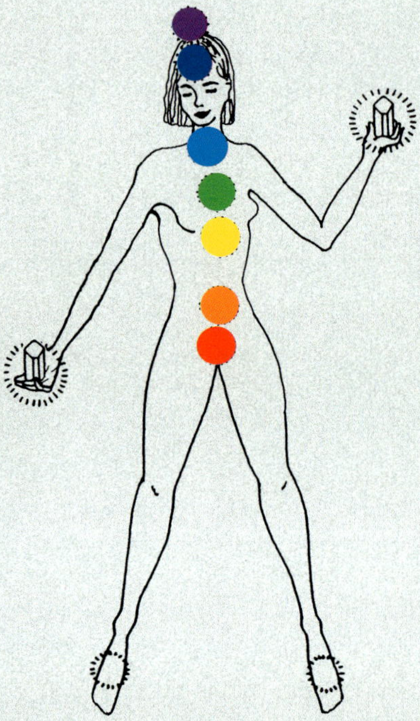

Die verschiedenen Aspekte eines Edelsteins wie

- chemische Zusammensetzung,
- Farbe,
- Kristallsystem,
- Form,
- Schliff,
- Transparenz,
- Härte und
- Größe

bestimmen seine Wirkung.

Die Farbe eines Steins ist sein offensichtlichstes Unterscheidungsmerkmal. Fast alles auf unserer Welt ist farbig, und das macht sie so schön und interessant. Farbe beeinflußt unsere Gefühle: Sie begeistert uns, läßt uns gleichgültig oder stößt uns ab. Die Farben unserer Kleidung sagen viel über unseren Gemütszustand und unsere Gefühle aus. Schon die Ägypter ordneten die Farben Rot dem Körper, Gelb dem Geist und Blau der Seele zu.

Die intensive Farbwirkung bestimmt auch die Heilkraft farbiger Edelsteine. Durch die Anwendung der Edelsteine können Blockaden gelöst und die Aura geklärt werden, was zu verstärkter Harmonie, Kreativität, Wohlbefinden und spiritueller Entwicklung führt. Oft werden die Edelsteine auch je nach Farbe auf die Energiezentren (Chakras) des Körpers gelegt, um sie wirken zu lassen. Wir wissen, daß Rot, Orange und Gelb anregend und wärmend sind, während Blau und Violett beruhigen und kühlen. Grün als Mitte zwischen diesen Farben ist neutral.

Die meisten Farben der Steine werden durch ihre Anteile von Aluminium, Chrom, Eisen, Kobalt, Kupfer, Mangan, Nickel und Titan verursacht. Die Gliederung nach Farbe bietet sich an, um die Steine leichter zu erkennen, einzuordnen und mehr über ihre Wirkung zu erfahren. Durch die Beschreibung der Farbwirkung können Sie auch selbst beurteilen, warum Sie manche Farben bevorzugen und andere ablehnen. So erkennen Sie Ihre momentane Grundeinstellung, können zu dominante Farben ausgleichen und auf diese Weise zu mehr Harmonie gelangen.

Verwenden Sie möglichst ungefärbte, unbestrahlte und heile Steine, die keine Sprünge aufweisen (siehe Kapitel *Einkauf*). Abgerundete (trommelgeschliffene) Steine liegen besser in der Hand als Spitzen und Bruchstücke.

Sie sehen auf der Zeichnung die sieben Energiezentren des Körpers sowie die Energiepunkte der Hände und Füße.

Chakras (Sanskrit: Räder) sind Kraftzentren des Körpers, die sich ständig drehen und Lebensenergie aus dem Kosmos in den Körper ziehen. Überschüssige Energie wird abgegeben.

Die Farben sind den Energiezentren des Körpers folgendermaßen zugeordnet:

Weiß: Energiezentrum Hände
Körperliche Wirkung: Ausgleich, Harmonie, Lösung von Stauungen und Blockaden, Energiezufuhr.

Seelisch-geistige Wirkung: Klärung und Aktivierung der Gedanken, Erleuchtung, Selbsterkenntnis, Schutz vor negativen Einflüssen.

Schwarz: Energiezentrum Füße
Körperliche Wirkung: Erdung und Stabilisierung des Körpers, schlaffördernd, Erhöhung der Widerstandskraft.

Seelisch-geistige Wirkung: Beruhigung des Geistes, Bewußtmachung unserer Schattenseiten.

Rot: Energiezentrum Basis der Wirbelsäule
Körperliche Wirkung: Körperaktivierung, Kräftigung der Geschlechtsorgane, Stärkung von Blut und Kreislauf.

Seelisch-geistige Wirkung: Anregung der Gedanken und Zentrierung auf die materielle Ebene, gegen Depressionen und Lethargie; Stärkung für bleiche, melancholische Menschen.

Orange: Energiezentrum Nabel
Körperliche Wirkung: Unterstützt Nahrungsaufnahme, Verdauung und Ausscheidungen; Förderung der Durchblutung, Stärkung der Sexualorgane.

Seelisch-geistige Wirkung: Steigerung der Kreativität und der Lebenskraft.

Gelb: Energiezentrum Solarplexus
Körperliche Wirkung: Stärkung von Körper, Gehirn, Nerven, Lunge; gegen Diabetes und Depressionen, verdauungsfördernd.

Seelisch-geistige Wirkung: Hilfe bei Zielverwirklichung, Stärkung der Kreativität und der Willenskraft.

Rosa und Grün: *Energiezentrum Herz*
Körperliche Wirkung: Entspannung, Beruhigung, fiebersenkend, herzstärkend, streßlösend, heilend bei Magenerkrankungen.

Seelisch-geistige Wirkung: Lösung von Blockaden aufgrund verdrängter Probleme, Steigerung der Selbst- und Nächstenliebe, Gefühlsbereinigung, Harmonie und Frieden.

Hellblau: Energiezentrum Kehle
Körperliche Wirkung: Löst Blockaden im Hals- und Nackenbereich, gegen Drüsenstörungen, zur Nervenberuhigung.

Seelisch-geistige Wirkung: Verbesserung der Rede- und Ausdruckskraft; Erweckung von Mitgefühl und Verständnis.

Dunkelblau: Energiezentrum Drittes Auge
Körperliche Wirkung: Verbesserung des Gedächtnisses, blutdrucksenkend, Kräftigung des Sehvermögens.

Seelisch-geistige Wirkung: Hilfe bei Schlaflosigkeit und Depressionen, Unterstützung bei der Meditation, Stärkung der Intuition, Verbesserung der Konzentrationsfähigkeit.

Lila bis Violett: Energiezentrum Scheitel
Körperliche Wirkung: Gegen Schmerzen, Schlaflosigkeit und Kopfschmerzen, nervenberuhigend.

Seelisch-geistige Wirkung: Hilfe bei Meditation und spiritueller Entwicklung, Linderung bei Depressionen und Geisteskrankheiten, Erhöhung der Intuition, Harmonie der Gedanken.

Weiss

Weiß, die Farbe des ungebrochenen Lichts, vereinigt in sich alle Farben des Regenbogens. Sie symbolisiert Jungfräulichkeit, Reinheit, Lebenskraft, Vollkommenheit, Unschuld, Harmonie, die Sonne und den Tag, aber auch Sterilität, Unreife, Einsamkeit, Alter, Kälte und Arglosigkeit.

Weiß bringt Klarheit in den Geist, fördert das Selbstbewußtsein und die Unternehmungslust. Zuviel Weiß kann allerdings zu Gefühlsarmut, Isolierung und Perfektionismus führen.

Weiß ist den Nebenchakras der Hände zugeordnet.

Edelsteine

1 Bergkristall: Er wirkt harmonisierend, stabilisierend, reinigend, klärend, belebend und bewußtseinserweiternd. Dieser vielseitige Stein schenkt lebhafte Träume, unterstützt die Meditation und reinigt und klärt die Aura. Er wirkt sich positiv auf Augen, Blut, Nerven und Verdauung aus. Der Bergkristall bringt Klarheit in unsere Pläne, Gefühle und in unser ganzes Leben.

2 Diamant: Dieser kristallisierte Kohlenstoff ist der härteste aller Steine. Er zeigt unsere verhärteten Seiten auf. Wer diesen Stein trägt, sollte daher bereit sein, sich liebevoll mit seinen Schwächen auseinanderzusetzen, sonst kann er Nervosität und Aggressionen auslösen. Der Diamant wirkt klärend, reinigend, vitalisierend und entgiftend. Er regt alle Energiezentren und den Geist an.

3 Dolomit: Er wirkt ausgleichend, aufbauend und kräftigend und fördert Drüsen, Haut und Knochen. Dolomit enthält Calcium und Magnesium und kräftigt Blut und Kreislauf.

4 Howlith: Er entgiftet, beruhigt, gleicht übermäßige Gefühlsschwankungen aus und löst Blockaden. Er fördert das Bewußtsein und kräftigt die Knochen. Blau gefärbt wird er oft als Türkis- und Lapislazuli-Imitation angeboten.

5 Opal: Er stärkt die Intuition, hilft Emotionen auszudrücken und neue Einsichten zu erlangen und wird für Augen, Blutbildung, Herz und Kreislauf eingesetzt. Dieser wasserhaltige Stein sollte vor Hitze und Austrocknung geschützt werden, da er sonst springen oder seine Farbe verlieren kann.

6 Perle und Muschel: Sie wirken mit ihrem sanften Glanz ausgleichend, schützend, lösend und harmonisierend. Bei Diabetes, Entzündungen, Erkältung und Knochenproblemen sind sie hilfreich. Besonders die schwarze Perle aus Tahiti bezaubert mit ihrer Schönheit.

7 Selenit: Er dient der Selbsterkenntnis, geistigen Anregung und Bewußtheit. Dieser kristalline Gips bringt Licht in unser Bewußtsein und fördert unsere Medialität.

8 Topas, weiß: Er fördert Kreativität, Lebensfreude, Liebe, Selbstsicherheit und Vorstellungskraft. Seine leichte, lichte Energie unterstützt unsere geistige und spirituelle Entfaltung. Er wird bei Verletzungen und Hautproblemen aufgelegt.

9 Turmalinquarz: Diese Verbindung von Bergkristall und schwarzem Turmalin entgiftet, harmonisiert und stärkt die Chakras, das Herz, die Nerven und die Lymphen. Turmalinquarz vereint die Pole Schwarz und Weiß. Durch ihn lernen wir Gegensätze liebevoll zu verbinden und unsere Beziehungen zu verbessern.

5

9
7
6
8
1
3
4
9

Schwarz

Die Farbe des Planeten Saturn, die auch für die Dunkelheit und die Schattenseiten der Seele steht, ist in unserer Zeit der neuen Spiritualität wichtig, um sich verborgener Emotionen bewußt zu werden. Gerade die Jugend trägt viel Schwarz und empfindet es als schön. Schwarz symbolisiert den weiblichen unbewußten Anteil, den jeder Mensch in sich trägt. Schwarze Madonnen werden als besonders kraftvoll und wunderwirkend verehrt.
Schwarz symbolisiert Trauer, Dunkelheit, Einsamkeit und Tod, aber auch Weiblichkeit, Fruchtbarkeit, Nacht, Erde, Wasser und Unterbewußtsein. Als Gegenpol zum Weiß, das alle Farben enthält, ist Schwarz die Nichtfarbe, die alle Farben schluckt.
Schwarz festigt, erdet, stärkt den Willen, schützt und fördert Ruhe, Standfestigkeit, Konzentration und Ausdauer. Schwarze Steine machen uns unsere Schwachstellen und ungeliebten Seiten bewußt. Zuviel Schwarz kann zu Unbeweglichkeit und unterdrückten Wünschen und Gefühlen führen.

Schwarz ist den Nebenchakras der Füße zugeordnet.

Edelsteine

1 Obsidian (Schneeflocken- und Regenbogen-obsidian): Dieses vulkanische Glas bringt unterdrückte Gefühle und Gedanken ins Bewußtsein. Seine Stärke und Festigkeit hilft uns, wenn wir dazu bereit sind, diese verdrängten Aspekte zu verarbeiten. Er wirkt reinigend, entgiftend und festigend und wird zur Stärkung des Immunsystems, der Verdauung und bei Entzündungen eingesetzt.

2 Onyx: Er schützt, stärkt, klärt und festigt und fördert Ausdauer, Entschlossenheit und Selbstvertrauen. Bei Diabetes, Entzündungen, Fieber, Knochenproblemen und Durchblutungsstörungen ist er hilfreich. Besonders hektischen und unruhigen Menschen schenkt er Ruhe und Kraft.

3 Opal, schwarz: Er erdet, aktiviert und wird bei Depressionen und Verdauungsstörungen getragen. Er stimuliert das dritte Auge und damit die Sensibilität. Das schlichte Schwarz dieses Edelsteins fasziniert durch seine herrlichen Farbeinschlüsse.

4 Magnetit: Dieser eisenhaltige, magnetische Stein wirkt ausgleichend, erdend, entgiftend und stabilisierend. Besonders bei Rheuma, Arthritis sowie bei Blut-, Knochen-, Gelenk- und Nervenproblemen bringt er oft gute Heilerfolge.

5 Rauchquarz: Dieser braune Kristall entspannt und löst Negativität. Er fördert Herz, Lunge, Nerven und Muskeln. Mit dem Rauchquarz können wir uns besser auf die Gegenwart konzentrieren. Er bringt Licht in unsere Schattenseiten.

6 Turmalin (Schörl): Er wirkt beruhigend, erdend und stabilisierend und wird auch zur Entstörung von Erd- und Computerstrahlen verwendet. Der Schörl stärkt Abwehrkräfte, Muskeln, Knochen, Nerven, Verdauung, Herz und Lymphen.

7 Turmalinquarz: Diese Verbindung von Bergkristall und schwarzem Turmalin entgiftet, harmonisiert und stärkt die Chakras, das Herz, die Nerven und die Lymphen. Turmalinquarz vereint die Pole Schwarz und Weiß. Durch ihn lernen wir Gegensätze liebevoll zu verbinden und unsere Beziehungen zu verbessern.

1
3
6
4
7

Rot

Die Farbe des Planeten Mars und des Elementes Feuer wirkt stärkend, anregend und wärmend. Rot ist die energievollste Farbe und regt Leistung, Mut, Atmung, Blutdruck, Kreislauf, Sexualität sowie den ganzen Körper und auch den Geist an. Rot erweckt die Aufmerksamkeit und wird deshalb für Warnzeichen verwendet.

Zuviel Rot kann zu Aggression, Eifersucht, Gewalt, Leidenschaft und Haß führen.

Rot ist dem Basis- oder Wurzelchakra zugeordnet.

7

4

Edelsteine

1 Achat: Er kommt in roten, orangen, rosa, braunen und grauen Tönungen vor und erdet, schützt, regt an und stärkt. Für Augen, Atemwege, Gehör, Geschlechtsorgane und Verdauung leistet der Achat gute Dienste. Er vermittelt Geborgenheit, Vertrauen und Konzentration.

2 Granat: Es gibt ihn, außer in Rot, in verschiedenen Farben. Er wirkt aufbauend, kräftigend und aufmunternd. Der rote Granat aktiviert Blut, Kreislauf, Lunge, Muskeln, Sexualität, Stoffwechsel und den ganzen Körper. Er stärkt Ausdauer, Willen und Selbstwertgefühl.

3

3 Hämatit: Dieser silbrig-schwarz glänzende Stein zählt wegen seiner roten Eisenanteile zur roten Steingruppe. Er ist besonders aktivierend und stärkend. Hämatit wird zur Genesung nach Operationen, zur allgemeinen Kräftigung, zur Nervenstärkung, bei mangelnder Durchblutung und bei Freudlosigkeit getragen.

4 Jaspis (Silex): Er regt an, schützt, stärkt und verleiht Energie und Aufgeschlossenheit und wird für Blutarmut, Entzündungen, Haut, Herz und Knochen eingesetzt. Dieser Stein kann unserer Kreativität neue Impulse geben. Er ist sehr kraftvoll und verbindet uns mit der materiellen Welt.

5 Koralle: Sie schenkt Energie, löst Blockaden und fördert Kreativität und Emotionen. Da durch den Abbau der Koralle ganze Inseln verschwinden, steht sie in manchen Ländern unter Naturschutz.

6 Rubin: Er gilt als Heilstein für Augen, Blut, Herz, Knochen, Kreislauf, Leber, Lymphen, Nieren und Ohren und fördert Harmonie, Mitgefühl, Mut und Liebe. Der Rubin heilt Herzenswunden und erfüllt unser Herz mit Liebe.

7 Tigereisen: Dieser Stein besteht aus Hämatit, Silex und Tigerauge. Er erdet, stärkt und regt an; Blut, Muskeln und Verdauung werden gefördert. Schon der Name Tigereisen drückt die Kraft und Energie aus, die uns dieser Stein vermittelt.

8 Zoisit mit Rubin: Er belebt, stabilisiert und klärt den Geist und regt Herz, Lungen und Sexualorgane an. Zoisit mit Rubin verbindet das erste Chakra (rot) mit dem Herzchakra (grün). Er hilft Sexualität mit Herzensliebe zu vereinen.

6
8
1
5
2

Orange

Die Farbe des Planeten Merkur ist sehr energievoll und wirkt anregend, wärmend, entkrampfend und inspirierend. Orange symbolisiert Energie, Erotik, Mut, Freundschaft, Selbstbewußtsein, Hilfsbereitschaft und Begeisterung. Diese Farbe wird bei Depressionen, Ängsten, Jähzorn, Allergien, Verdauungsbeschwerden, niedrigem Blutdruck, Müdigkeit und Kreislaufbeschwerden angewendet.

Zuviel Orange kann zu Unbeherrschtheit, Nervosität, Unruhe und Zerstörungsdrang führen.

Orange ist dem Milz- oder Sakralchakra zugeordnet.

Edelsteine

1 Calcit: Er reinigt, löst, aktiviert und hilft Emotionen zuzulassen und auszudrücken. Der Calcit stärkt Knochen, Nieren und Muskeln und empfiehlt sich, um kreative Talente zu fördern und auszudrücken.

2 Feueropal: Dieser Stein löst Blockaden, regt an, vitalisiert und fördert die Kreativität. Er stärkt Geschlechtsorgane, Lungen, Nieren und Verdauung. Der wasserhaltige Stein braucht Feuchtigkeit und eine pflegliche Behandlung. Er schenkt uns Freude und Humor, so daß wir schwierige Situationen besser meistern können.

3 Karneol: Er aktiviert, reinigt und fördert Konzentration, Kreativität und Ausdauer. Auf Blut, Herz, Immunsystem (Allergien), Knochen, Kreislauf, Nieren und Verdauung wirkt er stimulierend. Besonders in traurigen, müden Phasen bringt er uns neue Energie und Lebensfreude.

4 Sonnenstein: Er muntert auf, reinigt, vitalisiert, löst Blockaden und unterstützt klare aufschlußreiche Meditationen und Träume. Er steht für Freude, Leuchtkraft, Klarheit und die Sonne. Man kann ihn für Blut, Geschlechtsorgane, Knochen, Lungen, Lymphen, Magen und Sonnengeflecht verwenden.

5 Topas Imperial: Dieser Stein wirkt anregend, kräftigend, harmonisierend und aufmunternd. Er stärkt Herz und Verdauung. Der königliche Stein ist gut für unser Selbstbewußtsein und bringt Licht in Herz und Verstand.

5

2
4
1

Gelb

Gelb steht für die Sonne, das Element Luft sowie für Weisheit, Verstand, Erleuchtung, Freiheit, Frohsinn, Kreativität und Phantasie. Es stärkt Haut, Leber, Lunge, Nerven und Verdauung. Gelb erheitert und schenkt Leichtigkeit und Lebensfreude.
Bei Asthma, Gallensteinen, Diabetes, Leberkrankheiten, Magenproblemen, Nervenschwäche und Verstopfung ist diese Farbe hilfreich.

Zuviel Gelb kann zu Arroganz, Eifersucht, Geiz, Neid, Nervosität, Pessimismus und Starrsinn führen.

Gelb ist dem Solarplexus-Chakra zugeordnet.

Edelsteine

1 **Bernstein:** Er reinigt, belebt und stärkt das Selbstvertrauen. Als Beißstein oder Kette hilft er Babys beim Zahnen. Auch bei Asthma, Erkältung und Fieber sowie für Augen, Drüsen, Galle, Magen und Knochen wird er eingesetzt. Bernstein wird inzwischen auch künstlich hergestellt.

2 **Calcit:** Der gelbe Calcit regt an, löst Blockaden und reinigt die Aura. Er unterstützt die Calciumaufnahme des Körpers und die Heilung bei Knochenbrüchen. Er hilft uns bei Veränderungen und in Umbruchphasen.

3 **Chrysoberyll:** Er fördert die Kreativität und hilft uns liebevoller mit uns selbst umzugehen. Er wirkt entgiftend, entkrampfend und stärkt die Sehkraft.

4 **Citrin:** Er wirkt anregend, klärend und schützend. Bei Diabetes, Depressionen, Eigensinn und multipler Sklerose leistet er gute Dienste. Er löst Verspannungen im Schulter- und Nackenbereich (als Kette oder Anhänger tragen). Bei Entwicklungsstörungen von Babys und Kindern kann er sehr hilfreich sein.

5 **Pyrit** und **Markasit:** Sie wirken heilend, reinigend und lösend. Sie regen Atemwege, Blutbildung und das Immunsystem an. Bei Ängsten, Asthma, Bronchitis, Diabetes, Grippe, Herzschwäche, Menstruationsbeschwerden und Muskelschmerzen empfehlen sich diese schwefel- und eisenhaltigen Mineralien.

6 **Rutilquarz:** Dieser Stein ist eine Verbindung von Bergkristall und Titanoxid. Er wirkt aufmunternd, harmonisierend, lösend und gleicht Gegensätze aus. Engels- oder Venushaar, wie er auch genannt wird, fördert Lunge, Magen, Nerven, Schilddrüse und die Zellbildung.

7 **Tigerauge:** Es steigert Konzentrationsfähigkeit und Toleranz, beruhigt und gleicht aus. Das Tigerauge stärkt Bronchien, Herz, Magen, Nerven, Nieren und Verdauung. Dieser schillernde Stein mit seinen fließenden Wellenmustern lehrt uns, flexibel und anpassungsfähig zu sein.

2

5
1
4
3
7
6

Grün

Die Farbe der Planeten Venus und Neptun sowie des Elements Wasser ist ausgleichend, heilsam, entspannend, erfrischend, antiseptisch und regenerierend. Grün ist die neutrale Mitte zwischen den körperlichen und chemisch sauren Farben Rot, Orange und Gelb und den geistigen und alkalischen Farben Blau, Indigo und Violett.
Grün symbolisiert Gesundheit, Natur, Harmonie, Heilung, Hoffnung, Kreativität, Mitgefühl, Selbstvertrauen und Sicherheit.

Zuviel Grün kann zu Depressionen, Gleichgültigkeit, Egoismus, Geiz, Unsicherheit und Rücksichtslosigkeit führen.

Grün ist dem Herzchakra zugeordnet.

6

Edelsteine

2

1 Amazonit: siehe »Blau«.

2 Aventurin: Dieser Stein beruhigt, harmonisiert, löst Spannungen und stärkt Selbstvertrauen, Intuition und Lebensfreude. Bei Asthma, Streß, Haut- und Herzproblemen ist er hilfreich. Er verstärkt Gelassenheit, Geduld und Heiterkeit.

3 Chrysokoll: Er wirkt ausgleichend, entspannend, beruhigend, klärend und fördert die Intuition. Für Arterien, Hals, Haut, Herz, Lunge, Nerven und Stoffwechsel leistet er gute Dienste. So wie sich die Farben Blau und Grün in diesem schönen Stein verbinden, lehrt er uns Erkenntnis mit Güte zu vereinen und toleranter zu werden.

4 Chrysopras: Er klärt, entgiftet, beruhigt, harmonisiert und löst Spannungen. Bei Entzündungen, Fieber, Rheuma ist er ebenso hilfreich wie für Haut, Knochen, Leber, Nerven und Stoffwechsel. Das klare Apfelgrün dieses edlen Steins bringt Klarheit in die Gedanken und vermittelt Ruhe.

5 Heliotrop *oder* Blutjaspis: Er regt an, reinigt und harmonisiert. Der Heliotrop ist ein Stein für Augen, Blut, Haut und Ohren. Er hilft die Sexualität mit Herzensliebe zu verbinden, beruhigt das Gemüt und stärkt den Geist.

6 Jade: Jade erfrischt, entspannt, klärt und gleicht aus. Mit Jade kann man Haut, Leber, Magen, Muskeln, Nerven positiv beeinflussen sowie die Verdauung fördern und Verspannungen lösen. Die Asiaten verehren ihn als glückbringenden Stein, der Gesundheit und Wohlstand symbolisiert.

7 Malachit: Er wirkt entzündungshemmend, heilsam, antiseptisch, ausgleichend und entgiftend. Man legt ihn zur Reinigung der Aura und der Chakras auf. Der Malachit wird auch für Herz, Magen, Nieren, Rheuma und Verdauung verwendet. Besonders bei Verletzungen, Stauchungen und Brüchen hat er sich als heilsame Unterstützung bewährt.

8 Moosachat *und* Baumachat: Er beruhigt, harmonisiert, entgiftet, inspiriert und fördert die Liebe zu den Pflanzen. Deshalb wird er auch Gärnterstein genannt. Er kann bei Arthritis, Erkältung, Haut- und Nervenproblemen helfen.

9 Olivin (Peridot): Er wirkt entgiftend, kräftigend, entspannend, erheiternd, reinigend und lösend. Bei Diabetes, Depressionen, Lymphproblemen, Nervosität und Verstopfung ist er zu empfehlen. Der Olivin erfrischt das Herz und schenkt Freude, Kreativität und Lebenslust.

10 Smaragd: Dies ist der Stein der Ärzte und Heiler, die ihn gerne als Ring tragen. Er fördert Liebe, Harmonie, geistige Entwicklung und Selbstvertrauen. Er wird für Augen, Haut, Leber, Lunge, Nerven und Nieren verwendet. Sowohl bei körperlichen als auch bei emotionalen Problemen kann der Smaragd helfen.

11 Turmalin (Verdelith): Dieser Stein stärkt das Immunsystem, reinigt, harmonisiert, löst Blockaden und erfrischt Haut, Herz, Kreislauf und Nerven. Er bringt Energie, Kreativität und Lebensfreude.

11
5
8
9
3
10
1
7
4
3

Rosa

Auch Rosa ist, wie Grün, dem Planeten Venus und dem Herzchakra zugeordnet. Rosa ist sanfter, frischer und zarter als das stürmische kraftvolle Rot. Schutz, Jugendlichkeit, Sanftmut, Liebe, Freundschaft und Toleranz werden durch diese zarte, weibliche Farbe symbolisiert. Sie lindert Depressionen, Streß, Aggressionen und Egoismus.

Zuviel Rosa kann zu Verträumtheit und Wunschdenken führen.

Edelsteine

1 Botswana-Achat: Er reinigt und harmonisiert, fördert Kreativität, Emotionen, Nerven und Verdauung. Die sanften rosa Wellenmuster dieses Achats lehren, unsere Gefühle und unsere zarten Eigenschaften zu leben.

2 Kunzit: Er löst Blockaden, reinigt, harmonisiert und fördert Toleranz und Sensitivität. Er wird zur Stärkung der Durchblutung und des Herzens verwendet. Trotz seiner sanften Farbe hilft er uns, unsere Ziele zwar liebevoll, aber auch gradlinig zu verfolgen.

3 Mangancalcit: Er ist lösend, ausgleichend und vermittelt eine gütige, weiche, sanfte Schwingung. Besonders für Kinder und Menschen, die etwas mehr ihre sanften Seiten leben wollen, ist er gut geeignet.

4 Rhodochrosit: Dieser Stein reinigt, löst Blockaden und fördert Liebe, Kreativität und Intuition. Er hilft uns notwendige Veränderungen besser zu überstehen. Auf Augen, Gehirn, Herz, Knochen, Nerven und Verdauung kann er sich positiv auswirken.

5 Rhodonit: Er harmonisiert und beruhigt. Bei Arthritis und Entzündungen sowie für Knochen und Schilddrüse wird er eingesetzt. Er gibt uns die Kraft, die Anforderungen des Alltags mit Liebe und Gelassenheit zu bewältigen.

6 Rosenquarz: Er beruhigt, entspannt und reinigt. Indem er Liebe, Toleranz und Sanftmut ins Herz bringt, löst er Ängste, Streß, Pessimismus, blockierte Gefühle und starre Denkmuster auf. Auch für Durchblutung, Haut, Knochen, Lunge und Nerven ist er hilfreich.

7 Rubellit: Der rosa-rote Turmalin schenkt Energie, Freude und Liebe. Er stärkt Geschlechtsorgane, Immunsystem, Leber und Verdauung.

7
4
2
6
3
5
1

Blau

Die Farbe der Planeten Jupiter und Merkur, von Himmel, Unendlichkeit und Wasser sowie des Elements Erde ist ausgleichend, beruhigend, antiseptisch, kühl und entspannend. Blau steht für Ausdruckskraft, Sanftmut, Kühle, Gelassenheit, Klarheit, Treue, Erholung, Zuversicht, Vertrauen und Zuverlässigkeit. Bei hohem Blutdruck, Entzündungen, Fieber, Kopfschmerzen, Nervosität, Schlaflosigkeit und Streß ist diese Farbe zu empfehlen.

Zuviel Blau kann zu Desinteresse, Einsamkeit, Gutgläubigkeit, Müdigkeit, Schwermut und Verschlossenheit führen.

Blau ist dem Kehlchakra zugeordnet.

1

Edelsteine

1 Amazonit: Dieser kupferhaltige Feldspat ist ausgleichend, aufmunternd und erfrischend für den Geist und hebt das Selbstvertrauen. Er stärkt Bronchien, Nerven und Muskeln, lindert Entzündungen und wirkt krampflösend.

2 Angelite (Engelstein): Dieser blau-weiße Stein kommt aus Peru. Er schützt und gleicht aus. Er wird Engelstein genannt, weil er die Verbindung zu den Engeln stärkt und Meditationen, Rückführungen und Astralreisen unterstützt. Entzündungen und Kopfschmerzen kann er lindern.

3 Apatit: Er beruhigt, fördert die Ausdruckskraft, klärt den Geist, stärkt die Drüsen und wird bei Entzündungen aufgelegt. Er hilft unsere Aufgaben mit Mut und Tatkraft anzugehen.

4 Aquamarin: Er beruhigt, harmonisiert, klärt die Gedanken und gleicht zu heftige Emotionen aus. Er fördert Toleranz und Verantwortung. Bei Augen-, Hals- und Herzproblemen sowie bei Zahnschmerzen ist er heilsam. Sein erfrischendes Blau schenkt uns lichtvolle Gedanken und Vertrauen.

5 Chalzedon: Er wirkt inspirierend, ausgleichend und beruhigend, fördert Ausdruckskraft, Gelassenheit und Redegabe – der ideale Stein, wenn Sie Lampenfieber haben oder eine Rede halten müssen. Der Chalzedon wird bei Entzündungen und Wunden aufgelegt.

6 Chrysopal (Andenopal): Dieser wunderschöne Stein aus Peru stärkt die Lungen und vermittelt Frieden, Gelassenheit und Freude. Er hat eine leichte, klare Schwingung, die uns hilft Hürden, Bedenken und Ängste zu überwinden und vertrauensvoll unseren Weg zu gehen.

7

9

7 Gem Silica (Chrysokoll): Dieser türkisblaue, feine und strahlende Chrysokoll entspannt, harmonisiert, beruhigt, klärt und fördert die Intuition. Er löst Verspannungen, regt die Lymphen an und vermittelt Verständnis und Freude. Wegen seiner strahlenden Farbe wird er gerne zu attraktivem Schmuck verarbeitet.

8 Indigolith: Der blaue Turmalin stärkt Schilddrüse, Lymphen, Thymusdrüse und das Immunsystem. Er fördert Gelassenheit, Konzentration und erholsamen Schlaf.

9 Labradorith: Er reinigt, entspannt, schützt, beruhigt und inspiriert. Für Augen, Gehirn, Muskeln, Stoffwechsel und Ver-

dauung ist er hilfreich. Seine schillernden Farben spiegeln die Vielfalt unserer Talente und Möglichkeiten wider.

10 Larimar Dieser himmelblaue Stein vermittelt Leichtigkeit, Weite und Gelassenheit.

11 Mondstein: Dieser Stein beruhigt, harmonisiert und unterstützt Drüsen, Lymphen, Intuition und Phantasie. Besonders für die seit Tschernobyl belasteten Lymphen und Schilddrüsen ist der Mondstein zu empfehlen.

12 Türkis: Dieser Stein ist aufmunternd, ausgleichend, heilsam, reinigend, schützend, löst Blockaden, fördert die Kreativität und spiegelt uns unsere schönen Seiten. Er wird für Augen, Galle, Herz, Leber, Lunge und Schilddrüse eingesetzt. Er ist empfindlich und sollte vor Seife, Parfüm, Haarspray und chemischen Substanzen bewahrt werden. Es gibt viele Türkis-Imitationen.

INDIGO

Die Farbe des Planeten Neptun, des Mondes und der Nacht kühlt, beruhigt, regt den Geist an, heilt Wunden und senkt den Blutdruck. Dunkelblau symbolisiert Mystik, Ruhe, Selbstkontrolle, Vertrauen und Inspiration.
Für Augen, Lungen, Nase, Ohren, bei Durchfall und Geistesstörungen wird Indigo verwendet.

Zuviel Indigo kann zu Pessimismus, Vorurteilen und Phlegma führen.

Indigo ist dem dritten Auge zugeordnet.

2

EDELSTEINE

1 Azurit: Er stärkt Nerven, Konzentration und Intuition, entspannt, beruhigt und löst erstarrte Denkmuster und Ängste. Sein leuchtendes Blau vermittelt eine ruhige Schwingung, die uns hilft, unsere Gedanken zu ordnen und verständnisvoller zu werden.

2 Dumortierit: Dieser Stein vermittelt Festigkeit, Ruhe, Geduld, Inspiration, Harmonie und Toleranz. Er stärkt Knochen, Kreislauf, Nerven und Schilddrüse. Der Dumortierit hilft uns, unsere Ideen mit Nachsicht und Freude in die Tat umzusetzen.

3 Falkenauge: Dieser irisierende Stein lehrt Achtsamkeit, Bewußtheit, Verantwortung und Erdverbundenheit. Dadurch lernen wir bewußt und aufmerksam unsere Aufgaben zu erfüllen. Er stärkt Augen, Haut, Herz, Knochen, Lungen, Lymphen und Nerven.

4 Lapislazuli: Er steht für Weisheit, Inspiration, Ruhe, Klarheit und Güte. Bei Entzündungen, Depressionen, Kopfschmerzen, Bluthochdruck und Nervenschmerzen ist er zu empfehlen. Der Lapislazuli unterstützt die geistige Arbeit und vermittelt uns auch neue Einsichten über uns selbst.

5 Pietersit: Dieser blauschwarze Stein unterstützt die Konzentration, die geistige Beweglichkeit und den Hormonhaushalt des Körpers.

6 Saphir: Er inspiriert, beruhigt, kräftigt und unterstützt die Meditation. Für Augen, Haut, Knochen, Leber, Lunge, Nerven und Nieren ist er hilfreich. Er schenkt geistige Klarheit und Ruhe. Saphir stärkt den Glauben und die Wahrheitsliebe.

7 Sodalith: Dieser Stein senkt den Blutdruck, erdet, entspannt und fördert das Selbstbewußtsein. Bei Erkrankungen der Lymphe, des Magens, der Nerven und des Stoffwechsels wird er verwendet. Der Sodalith unterstützt die Logik und unser Selbstwertgefühl.

8 Blauer Sugilit: Dies ist eine Verbindung von Chalzedon und Sugilit. Dieser seltene Stein vermittelt Entspannung, Leichtigkeit und ein Gefühl von Weite. Er unterstützt den Gefühlsausdruck sowie notwendige Veränderungen und neue Erkenntnisse.

6

8
4
7
3
5
1

Violett

Diese Mischung aus Rot und Blau steht für die Planeten Neptun und Jupiter, für Nächstenliebe, Transformation, Idealismus, Spiritualität, Kraft, Ruhe, Treue, Trauer, Buße, Magie und Weisheit. Violett hilft bei Depressionen, Konzentrationsmangel, Schmerzen, Schlaflosigkeit, Sucht sowie bei Stoffwechsel- und Lymphproblemen.

Zuviel Violett kann zu Arroganz, Frustration, Herrschsucht und Fanatismus führen.

Violett ist dem Scheitelchakra zugeordnet.

Edelsteine

1 Amethyst: Der Stein reinigt, besänftigt, harmonisiert, entspannt und fördert die spirituelle Entwicklung. Er wird bei Streß, Süchten, Nervosität, Magenschmerzen, Neuralgien, Kopfschmerzen und Schlaflosigkeit eingesetzt. Besonders bei Veränderungen ist der Amethyst ein treuer Freund.

2 Charoit: Dieser Stein aus Sibirien stärkt Immunsystem, Leber und Bauchspeicheldrüse. Er fördert Nächstenliebe, Intuition und die spirituelle Entwicklung. Der Charoit bringt Licht in die Gedanken und führt uns dadurch zu mehr Erkenntnis.

3 Fluorit: Er löst Blockaden im körperlichen und im geistigen Bereich und schafft so die Basis für die Aufnahme von neuen und heilenden Energien. Er entspannt und beruhigt. Der Fluorit unterstützt die Aufnahmefähigkeit und die geistige Entfaltung.

4 Lepidolith: Der Stein entspannt, beruhigt und stärkt Herz und Nerven. Bei Ängsten, Depressionen, Geistesstörungen und Schlaflosigkeit ist er zu empfehlen. Der Lepidolith öffnet unser Herz für Liebe und Güte.

5 Purpurit: Er unterstützt Wundheilung, Blutreinigung, Meditationen und die spirituelle Entwicklung und wirkt festigend und anregend.

6 Sugilit: Dieser Stein reinigt, schützt, stärkt, gleicht aus und fördert die Spiritualität. Er unterstützt Drüsen, Galle, Gehirn, Herz, Kreislauf, Leber und Nerven. Der Sugilit mit seinem leuchtenden Lila erfrischt unser Gemüt und regt uns an, unsere spirituellen Erkenntnisse in die Tat umzusetzen.

6

3
4
2
1
5

Spezifische Anwendungen

Die Edelsteintherapie ist eine schöne und sanfte Methode, um körperliche wie auch seelische Beschwerden zu behandeln. Krankheiten haben meist eine Ursache, die zum Beispiel aus unseren Gedanken, Erwartungen, Ängsten oder auch aus überholten Verhaltensmustern resultieren. Oft benützen wir Krankheiten unbewußt auch dazu, Zuwendung, Fürsorge, Beachtung, Rücksichtnahme oder Mitleid auf uns zu ziehen. Edelsteine können uns dabei helfen, diese Ursachen zu erkennen und auch zu transformieren. Sie helfen Blockaden lösen, aktivieren unsere Selbstheilungskräfte und stärken unser Selbstbewußtsein.

Zur Heilung ist es also wichtig, daß wir die Ursachen und Beweggründe erkennen, um dann notwendige Veränderungen zu vollziehen.

Pyrit ist ein wichtiger Heilstein. Die Pyritsonne wird daher auch Heilscheibe genannt. Bei akuten Beschwerden, Schmerzen, Kiefervereiterung und Blockaden schafft er Linderung.

Bei der Meditation mit Edelsteinen gelangen wir zu neuen Erkenntnissen und finden zu neuen kreativen Lösungen. Wir lernen achtsam mit unserer Gesundheit umzugehen. Heilsteine wirken auf der körperlichen, geistigen und seelischen Ebene.

Je bewußter wir mit unseren Krankheiten umgehen und die Ursachen dafür loslassen oder verändern können, desto besser wirken die Energien der Steine.

Verwenden Sie die Informationen zu den Edelsteinen als Orientierungshilfe. Lassen Sie sich aber bei der Auswahl der Steine von Ihrer Intuition leiten. Lesen Sie zusätzlich im Kapitel »Die wichtigsten Steine …« die weiteren Eigenschaften des ausgewählten Edelsteins nach. Beachten Sie bitte, daß Heilsteine bei ernsthaften Beschwerden nicht die Behandlung durch einen Arzt oder Therapeuten ersetzen sollen. Edelsteine können jedoch die Therapie unterstützen. Schon wenn Sie die volle Verantwortung für Ihre Gesundheit übernehmen, aktivieren Sie Ihre Selbstheilungskräfte. Mit der Unterstützung der Heilsteine werden Sie bald zu erstaunlichen Ergebnissen kommen.

Auf den folgenden Seiten finden Sie Edelsteine und ihre Anwendungsmöglichkeiten bei unterschiedlichen Beschwerden. Beachten Sie bitte dabei auch die zusätzlichen Methoden, die in den Kapiteln »Meditation«, »Massage« und »Edelsteinbehandlung« beschrieben werden.

Steine für Schule, Studium und geistige Arbeit
Seite 30
Verbessern Sie Ihr Gedächtnis, Ihre Konzentration und Ihre Leistungsfähigkeit durch die Verwendung der entsprechenden Steine.

Steine für Kinder
Seite 32
Kinder sind von Edelsteinen begeistert. Sie tragen und verwenden diese Geschenke der Natur mit Freude. Mit sanften Steinen kann man selbst Babys und Kleinkinder in ihrer Entwicklung unterstützen.

Steine bei seelischen Problemen
Seite 33
In diesem Kapitel finden Sie Steine zur Streßbewältigung, bei Depressionen, Sprechproblemen, Schlaflosigkeit und Nervosität. Das sind die richtigen Steine für mehr Vitalität, Lebensfreude und Gelassenheit.

Steine bei Hautproblemen
Seite 35
Die Haut ist der Spiegel der Seele. Unsere inneren Konflikte drücken sich auch in der Haut aus. Durch die Arbeit mit den Steinen lernen Sie bewußter mit Ihren Problemen umzugehen. In diesem Kapitel finden Sie den richtigen Stein für Ihre Haut und viele Tips zur Hautpflege mit Steinen.

Steine bei körperlichen Beschwerden
Seite 37
Hier geht es um Beschwerden, die den ganzen Körper oder einen Teil von ihm betreffen: Arthritis, Rheuma, Atemwegsbeschwerden, Blutdruck, Kopfschmerzen, Lymph- und Schilddrüsenprobleme, Verdauungsstörungen, Verletzungen und Frauenbeschwerden.

Fluorit ist ein entspannender Stein, der bei Blockaden und chronischen Krankheiten lösend wirkt.

Steine für Schule, Studium und geistige Arbeit

Hier finden Sie Edelsteine für die geistige Entwicklung, bessere Konzentration, Klarheit und Kreativität.

Amethyst

Amethyst

- fördert schöpferisches Denken,
- beruhigt die Gedanken,
- stärkt die Konzentration und
- hilft neue Ideen zu entwickeln.

Aquamarin

- bringt Gelassenheit und Frieden,
- klärt und beruhigt die Gedanken,
- stärkt die Ausdruckskraft.

Bergkristall

Bergkristall

- schenkt Energie und Durchhaltevermögen,
- verhilft zu Klarheit und neuen Erkenntnissen,
- stärkt Kreativität und Inspiration,
- unterstützt Formulierung und Ausdruck der Gedanken.

Chalzedon

- beruhigt,
- schenkt Gelassenheit und Ruhe,
- fördert die Ausdruckskraft,
- hilft Redehemmungen und Lampenfieber zu überwinden,
- unterstützt Verständnis und Kreativität.

Citrin

- fördert Ausdauer und Kreativität,
- hilft Aufgaben mit Freude auszuführen,
- vermittelt bei Prüfungen Sicherheit und Vertrauen.

Gelber Fluorit

- löst Denkblockaden,
- hilft neue Gedanken und Informationen zu verarbeiten,
- fördert Konzentration und Aufnahmevermögen.

Karneol

- steigert Konzentration und Lerneifer,
- regt Leistungsfähigkeit und Antriebskraft an,
- weckt unsere schöpferischen Kräfte.

Citrin

Lapislazuli

Saphir

Lapislazuli

- klärt die Gedanken,
- beruhigt den Geist,
- fördert Konzentration und Inspiration,
- hilft neue Erkenntnisse und Informationen aufzunehmen.

Saphir

- ebnet den Weg zu Wissen und Weisheit,
- beruhigt und klärt die Gedanken,
- fördert die Konzentration und erleichtert das Lernen.

Anwendung der Lernsteine:

Die Steine in der Hemd- oder Hosentasche oder als Anhänger tragen. Ab und zu eine Pause von fünf bis zehn Minuten machen und sich hinlegen. Dabei den Stein auf das dritte Auge legen. Einen größeren Stein (circa fünf bis zehn Zentimeter Durchmesser) bei der Arbeit vor sich auf den Tisch stellen.

Steine für Kinder

Kinder lieben schöne Steine. Da sie stärker als Erwachsene auf äußere Einflüsse reagieren, sollte man sie sehr behutsam und mit entsprechend sanften Edelsteinen unterstützen. Kinder können auch selbst den für sie passenden Stein wählen, da sie noch sehr in der Gefühlswelt leben und eine bessere intuitive Auswahl treffen als mancher Erwachsene.

Ein Achat oder Bergkristall, den man ins Kinderzimmer hängt, schenkt Freude und zieht die Aufmerksamkeit des Babys auf sich.

Für Kinder bis zu sechs Jahren sollten Sie möglichst sanfte Edelsteine wie Rosenquarz, Aquamarin, Aventurin, Amethyst und eventuell Bergkristall verwenden.

Der ausgesuchte Stein kann als Taschenstein immer in der Hosentasche dabeisein oder als kleiner Anhänger (evtl. in einem Seidenbeutelchen) an einer Lederschnur oder an einem Kettchen getragen werden. Nachts kann er unter dem Kopfkissen liegen.

Für Babys eignet sich bei Problemen mit dem Zahnen besonders der Bernstein. Man kann dem Säugling entweder einen Bernstein unter das Kopfkissen legen (am besten in den Kissenbezug einnähen, damit der Stein vom Baby nicht verschluckt werden kann) oder drei bis fünf kleine Steinchen auf einen Wollfaden gezogen um das Handgelenk binden. Es gibt inzwischen auch schon entsprechend große Beißsteine, die das Baby zwar in den Mund nehmen, aber nicht verschlucken kann.

Außerdem sind zu empfehlen:

Achat beschützt sensible Kinder vor Aggressionen.

Aquamarin unterstützt die Ausdruckskraft und beruhigt.

Amethyst sorgt für guten Schlaf.

Bergkristall ist anregend und harmonisierend.

Chalzedon fördert die Kommunikation und schenkt Gelassenheit.

Citrin gleicht die Energien der beiden Hirnhälften aus.

Gelber Fluorit stärkt die Konzentration und das Denkvermögen.

Rosenquarz unterstützt Friedensliebe und Freundschaften.

Rhodonit vermittelt sanfte Energie und stärkt das Selbstbewußtsein.

Sodalith für Kinder, die sich schwer konzentrieren können.

Sonnenstein für Freude und Lebenskraft.

Sugilit fördert die spirituelle Entwicklung.

Sugilit

Steine bei seelischen Problemen

Beim Einsatz von Steinen bei seelischen Problemen finden wir leichter zu den Ursachen der Beschwerden. Die Steine können uns auf sanfte Art bei den notwendigen Veränderungen unterstützen und auftretende Ängste und Blockaden überwinden helfen.

Silex

Depression, Lustlosigkeit und Müdigkeit

Bergkristall, besonders als Spitze, schenkt Energie und Lebensfreude.
Feueropal fördert Kraft, Ausdauer und Frohsinn.
Granat lindert Depressionen und stärkt die Lebenskraft.
Hämatit gibt neuen Mut, Energie, Ausdauer.
Karneol steigert Kreativität, Mut und Vitalität.
Rhodochrosit löst Energieblockaden und macht aktiver.
Rubin schenkt Aktivität, Mut und Sexualkraft.
Silex (roter Jaspis) aktiviert, stärkt das Immunsystem und das Selbstvertrauen.
Sonnenstein regt die Lebensgeister an und gibt neuen Schwung.

Anwendung:

Diese Steine können als Trommelsteine im Bereich des Wurzel- und Sakralchakras verwendet werden. Eine weitere wirksame Möglichkeit besteht darin, sie als Anhänger in Höhe des Solarplexus oder des Herzens zu tragen.

Schlaf und Träume

Amethyst, Aventurin, Chalzedon, Citrin, Jade, Saphir, Smaragd, Topas und brauner Zirkon fördern den gesunden Schlaf. Suchen Sie intuitiv Ihren Schlafstein aus und experimentieren Sie mit ihm. Am besten legen Sie Ihren Stein unter das Kopfkissen.

Sie können ihn auch neben das Bett, zum Beispiel auf das Nachtkästchen legen. Eine Amethystgruppe oder -druse kann auch direkt ins Schlafzimmer gestellt werden.

Um besonders klare, aufschlußreiche Träume zu haben, legen Sie einen Bergkristall, Moldavit, Mondstein, Rutilquarz oder Smaragd unter das Kopfkissen. Wenn Sie Ihre Träume notieren, erfahren Sie, was Ihnen Ihr Unterbewußtsein mitteilen will.

Bei Alpträumen helfen Amethyst, Bergkristall, Chrysopras, Karneol, Rutilquarz oder grüner Turmalin.

Traumsteine: 1 Bergkristall, 2 Smaragd, 3 Mondstein, 4 Moldavit, 5 Rutilquarz.

Sprechprobleme, Redehemmung, Lampenfieber

1 Aquamarin und **2 Bergkristall** fördern die Klarheit der Gedanken und die Ausdruckskraft.
3 Bernstein erdet, fördert die Kreativität und stärkt das Erinnerungsvermögen.
4 Chalzedon beseitigt Redehemmungen und Lampenfieber. Da mit seiner Hilfe bessere Formulierungen gelingen, wird er auch Rednerstein genannt. Er vermittelt Inspiration und Kreativität.
5 Pyrit löst Denkblockaden und Redehemmungen.
6 Saphir wird bei Konzentrationsmangel und Nervosität eingesetzt.

Anwendung:

Wenn Sie eine Rede halten, können Sie den ausgesuchten Stein entweder in der Hand halten, als Anhänger halsnah tragen oder ihn in die Blusen- oder Hemdtasche stecken.

Stress, Nervosität, Unruhe

Amethyst, Chalzedon, Chrysokoll, Falkenauge, Smaragd, Rauchquarz und **Tigerauge** schenken Ruhe, Gelassenheit und Frieden.

Fluorit und **Pyrit** lösen Spannungen und Blockaden. Sie helfen Erwartungen loszulassen und führen dadurch zu mehr Gelassenheit.

Anwendung:

Der Stein der Wahl sollte am Körper getragen oder als Schmuck verwendet werden.

Steine bei Hautproblemen

Hier finden Sie den Ihrem Hauttyp entsprechenden Edelstein. Sie können die Schwingung der Steine auf Ihre Kosmetikprodukte übertragen, die Steine direkt auf die Haut legen oder als Schmuck tragen.

Edelsteine für die verschiedenen Hauttypen:

Unruhige, nervöse Haut: **Amethyst, Chalzedon** und **Aventurin** entspannen und beruhigen die Haut. Eine Gesichtsmassage mit einer Amethystspitze oder einem Trommelstein baut die Haut auf und regt die Körperorgane an. Bei einer Gesichtsmaske legen Sie je einen kleinen Amethyst, Chalzedon oder Aventurin in die inneren Augenwinkel.

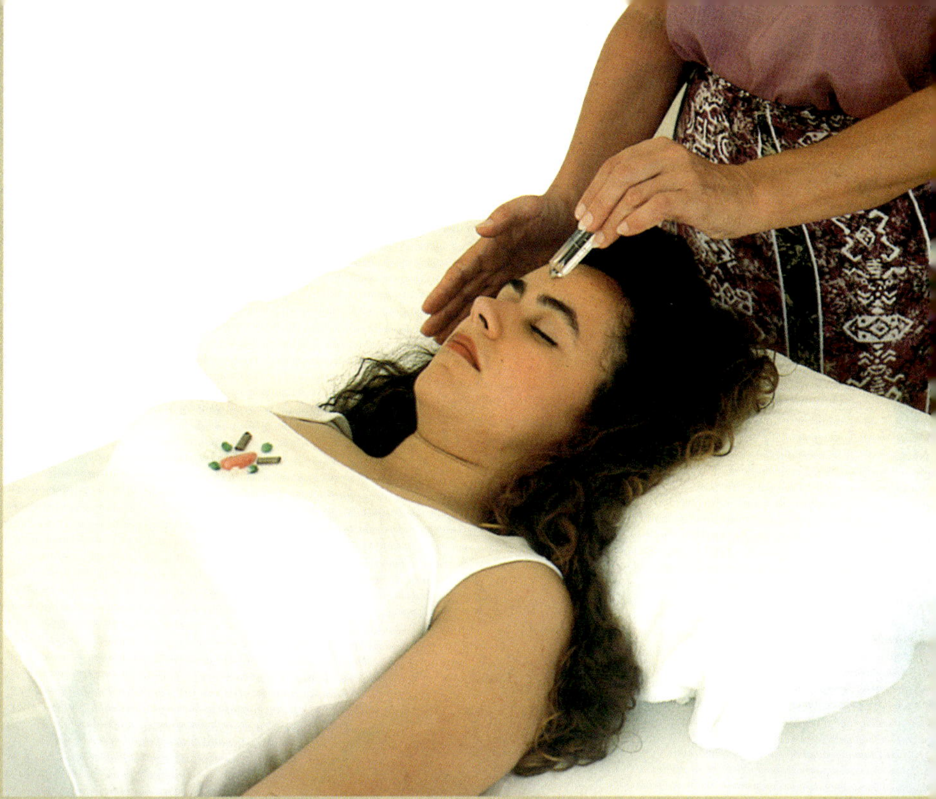

Gesichtsmassage mit einer Bergkristallspitze.

Amethyst

Allergische, sensible Haut: **Aquamarin** und **grüner Calcit** beruhigen die erregte Haut. Man legt einen Trommelstein auf die betroffene Stelle oder auf die geschlossenen Augen. Auch ein Anhänger in Halshöhe getragen, kann sich positiv auswirken.

Normale Haut: **Bergkristall** eignet sich für jede Haut. Sowohl eine Kristallmassage des Gesichts mit einer Kristallspitze als auch ein Kristallanhänger können die heilenden und ausgleichenden Energien des Bergkristalls übermitteln.

Fette Haut: **Mondstein** regt den Lymphfluß und damit die Entgiftung des Körpers an. Dazu legen Sie Mondsteine auf die Lymphen und die Schilddrüse auf. Kleinere Steinchen können Sie auch mit einem Seidenpflaster befestigen.

Babypflege, zarte Haut: **Rosenquarz** hält die Haut elastisch und frisch. Legen Sie einen kleinen Rosenquarz in Ihre Hautcreme.

Müde, blasse, schlecht durchblutete Haut: **Rubin, Feueropal** und **Karneol** regen Haut und Zellerneuerung an. Tragen Sie einen Anhänger oder legen Sie einen Stein in Ihr Hautpflegemittel.

Akne, unreine Haut: **Citrin** und **Mondstein** aktivieren den Stoffwechsel und bringen Licht in unverdaute Probleme. Das trägt zur Besserung der unreinen Haut bei. Man legt einen Stein in die Pflegecreme oder trägt einen Anhänger in Halshöhe.

Narben und Augenfältchen: behandelt man mit Rizinusöl, in das man einen **Hämatit** oder einen **Fluorit** legt.

Anwendung der Steine:

Am einfachsten drücken Sie einen kleinen Trommelstein in Ihre Hautcreme, die möglichst biologisch und hautfreundlich sein sollte. Dort lassen Sie ihn wirken, bis Sie die Dose verbraucht haben. Anschließend reinigen Sie ihn und verwenden ihn weiter. Ein Stein, der bei Bedarf als Anhänger getragen wird, ist ebenfalls sehr wirkungsvoll.

Besonders angenehm, entspannend und regenerierend ist eine Gesichtsmassage mit einer Bergkristallspitze. Berühren Sie mit der Spitze leicht die Haut und fahren Sie damit langsam in wellenförmigen Mustern über alle Zonen des Gesichts. Da sich im Gesicht die Reflexzonen für alle Körperorgane befinden, regen Sie mit der Massage nicht nur die Haut, sondern auch den ganzen Körper an. Sie fühlen sich danach wie neu geboren. Besonders schön ist es, wenn Sie sich abwechselnd mit Ihrem Partner gegenseitig massieren.

Herstellung von Edelsteinwasser:

Legen Sie einen Rohstein oder Trommelstein, je nach Verwendungszweck zum Beispiel Amethyst, Bergkristall, Smaragd, Rubin oder Turmalin, über Nacht in ein mit stillem Mineralwasser gefülltes Glas. Das fertige Edelsteinwasser können Sie dann schluckweise über den Tag verteilt trinken. Zur äußerlichen Anwendung und zur Herstellung von Cremes legen Sie den Stein für mindestens zwölf Stunden in destilliertes Wasser.

Rezept für eine wohltuende Hautcreme:

Zutaten:

4 g Bienenwachs
4 g Kakaobutter
1/2 Teelöffel Wollwachsalkohole oder Lanolinanhydrid
15 ml Erdnußöl
10 ml Jojobaöl
10 ml Avocadoöl
3 Tropfen Carotinöl
50 ml Bergkristallwasser
1 kleine Bergkristallspitze oder -Trommelstein

Herstellung:

Bienenwachs, Kakaobutter, Lanolinanhydrid oder Wollwachsalkohole im Wasserbad schmelzen, dann die Öle hinzugeben und alles soweit erwärmen, daß die Masse flüssig ist. Inzwischen das Bergkristallwasser anwärmen und danach beides vom Feuer nehmen. Mit dem elektrischen Handrührer alles zusammen rühren, bis die Creme fest wird und erkaltet. In ein mit Alkohol desinfiziertes Töpfchen den gereinigten Bergkristall legen und die Creme darüber füllen. Bei geöffnetem Deckel einige Stunden stehen- und weiter abkühlen lassen.

Bergkristall besteht aus Kieselsäure, die ihre Schwingung auf das Wasser überträgt. Die aufbauende, heilende Wirkung schleust krankmachende Stoffe aus der Haut. Diese Creme verbessert die Spannkraft der Haut und macht sie geschmeidig und glatt. Bewahren Sie die Creme zur besseren Haltbarkeit im Kühlschrank auf.

Steine bei körperlichen Beschwerden

Hier geht es um Probleme, die den Körper betreffen. Um die Wirkung der Steine zu unterstützen und einen dauerhaften Erfolg zu erzielen, ist es ausschlaggebend, zu einer vollwertigen Ernährung sowie einer ausgeglichenen und gesunden Lebensweise mit mehr Bewegung zu finden. Außerdem ist es wichtig, die Ursachen der Krankheiten zu ergründen, und dabei kann uns die Arbeit mit den Steinen unterstützen.

Hämatit und Magnetit

Azurit

Atemwegsbeschwerden

Bei Asthma sollte man bewußter mit Ängsten und Befürchtungen umgehen. **Amethyst, Bernstein, Chalzedon, Falkenauge, Malachit** und **Smaragd** helfen dabei und vermitteln mehr Vertrauen.

Aquamarin, Fluorit, Falkenauge und **Pietersit** unterstützen und kräftigen die Atemwege. **Azurit, Bernstein, Chrysopras, Malachit, Pyrit** und **Rutilquarz** kann man bei Bronchitis verwenden.

Bei Lungenentzündung empfehlen sich beruhigende und ausgleichende Steine wie **Amethyst, Magnetit, Malachit, Rutilquarz** und **Saphir.**

Arthritis, Arthrose und Rheuma

Apatit, Aquamarin, Fluorit, Granat, Magnetit, Malachit und **Pyrit** können bei Arthritis aufgelegt oder getragen werden.

Bernstein, Calcit, Fluorit, Hämatit, Magnetit oder **Tigerauge** werden bei Arthrose verwendet.

Bei Rheuma wählen Sie **Azurit, Calcit, Granat, Jade, Karneol, Malachit** oder **Smaragd.** Sehr gut haben sich auch **Hämatit** und **Magnetit** bei dieser Krankheit bewährt.

Falkenauge

Blutdruck

Bei niedrigem Blutdruck oder schwachem Kreislauf empfehlen sich anregende Steine, wie **Charoit, Feueropal, Rhodochrosit, Rubin, Silex,** oder ausgleichende Steine, wie **Smaragd, Chrysokoll, Heliotrop** und **grüner Turmalin.**

Für überhöhten Blutdruck nehmen Sie **Chalzedon, Chrysopras, Jade, Labradorit, Lapislazuli, Saphir** oder **Sodalith.**

Charoit

Kopfschmerzen

Legen Sie sich bei Kopfschmerzen ruhig hin. Plazieren Sie einen **Amethyst, Azurit, Fluorit, Hämatit, Larimar, Lapislazuli, Malachit, Mondstein** oder **Smaragd** auf das dritte Auge. Schließen Sie die Augen und lassen Sie den Stein wirken. Diese Anwendung sollten Sie möglichst schon vor der Einnahme von Schmerztabletten durchführen.

Sehr bewährt hat sich auch folgende Methode: Nehmen Sie eine Bergkristallspitze in die rechte Hand und richten Sie die Spitze auf Ihr Wurzelchakra. Die linke Hand legen Sie auf die schmerzende Stelle. Stellen Sie sich dabei vor, wie die überschüssige Energie in Ihrem Kopf zum ersten Chakra fließt und spüren Sie, wie Ihr Kopf allmählich immer freier wird.

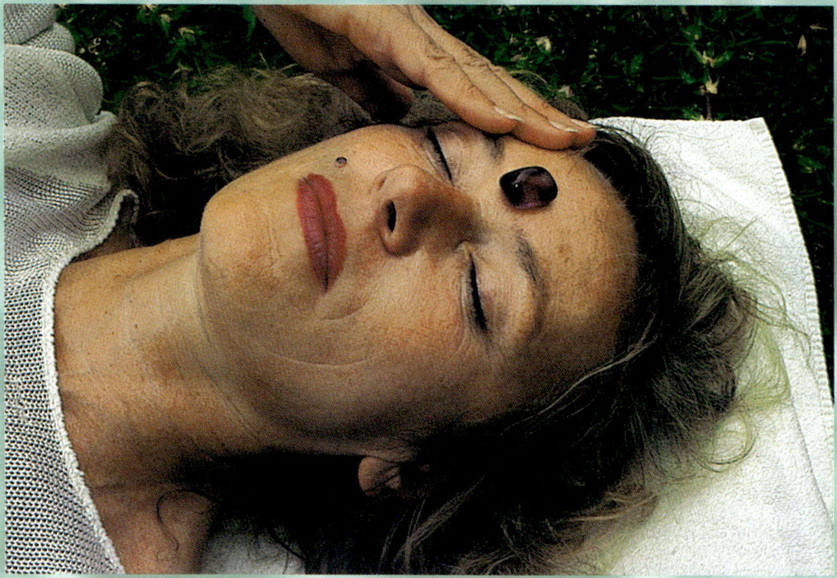

Chrysokoll

Lymph- und Schilddrüsenprobleme

Aquamarin gleicht die Lymphen und Schilddrüse aus und hilft auch bei Hals- und Rachenbeschwerden. Er stärkt das Immunsystem.
Chrysokoll stärkt die Schilddrüse, entgiftet und wird bei Infektionen im Halsbereich aufgelegt.
Chalzedon lindert Entzündungen, regt die Lymphen an und kräftigt das Immunsystem.
Heliotrop fördert den Lymphfluß und die Entgiftung des Körpers.
Mondstein wird auf die gestauten Lymphen gelegt. Auch für die Schilddrüsen ist er sehr hilfreich.

Mondstein

Anwendung:

Die Steine sollten auf die betroffene Stelle gelegt oder mit einem Seidenpflaster aufgeklebt werden.

Bei Problemen im Halsbereich kann man den Stein auch als Anhänger oder als Kette in Höhe der Schilddrüse tragen.

Sexualität

Wenig Lust auf Sex kann ein Zeichen von Streß, Überlastung oder Ängsten sein. Entspannen Sie sich, indem Sie sich und Ihrem Partner Gesichts- oder noch besser eine Ganzkörpermassage mit einem **Bergkristall** oder einem **Rosenquarz** machen. Zusätzlich können Sie tagsüber einen **Feueropal, Granat, Rosenquarz, Rubin, Sonnenstein** oder **Zoisit** mit **Rubin** bei sich tragen.

Turmalinquarz

Rubin

Verdauungsstörungen

Citrin hilft bei Verstopfung und fördert die Verdauung.
Karneol fördert die Verdauung und hilft bei Bauchschmerzen.
Tigereisen regt die Verdauungs- und Ausscheidungsorgane an.
Grüner Turmalin (Verdelith) entgiftet und hilft bei Durchfall und Verstopfung.
Achat, Bergkristall, Chrysokoll, Feueropal, Koralle, Kupfer, Olivin und **Pyrit** fördern ebenfalls die Verdauung.
Olivin, Rhodochrosit, Rubin und **Turmalinquarz** lösen bei Verstopfung.

Anwendung:

Legen Sie den ausgewählten Stein im Magen- bzw. im Darmbereich auf oder kleben Sie ihn mit einem Seidenpflaster fest. Mit einer Bergkristallspitze oder einem grünen Turmalin massieren Sie leicht um den Mundbereich (die Reflexzone für den Darmbereich) herum, um Verstopfung und Verdauungsbeschwerden zu lösen.

Verletzungen, Wunden

Bei Verletzungen oder Wunden legen Sie **Calcit, Chalzedon, Hämatit, Heliotrop** oder **Malachit** auf den Verband oder wickeln Sie den Stein mit in den Verband ein.

Grundkenntnisse für den praktischen Einsatz

Einkauf

Wenn Sie Ihre Steine nicht als Sammler selbst suchen, sind Sie auf den Handel angewiesen. Edelsteine sind in Mineraliengeschäften, Edelsteinläden, beim Juwelier, in Esoterik-Läden und Buchhandlungen mit Steinsortiment erhältlich. Auch auf den vielerorts stattfindenden Mineralienbörsen stellen Sammler und Händler große Kollektionen aus.

Kaufen Sie dort, wo Sie gut und sachkundig beraten werden und wo Sie spüren, daß man liebevoll mit den Steinen umgeht. Sie sehen es an der Art, wie die Steine leuchten und wie sie dekoriert werden.

Achten Sie beim Einkauf darauf, ob die Steine behandelt wurden. Folgende Methoden gibt es:

- **Bestrahlung.** Sie wird unter anderem bei Rauchquarz, blauem Topas, Diamanten und Paraiba-Turmalin durchgeführt, um die Qualität der Steine zu erhöhen und die Farbe der Steine zu verändern oder zu verbessern.
- **Hitzebehandlung.** Viele Steine werden erhitzt, um ihre Farbe zu verbessern oder zu ändern. Üblich ist dies zum Beispiel bei Aquamarin, Amethyst, Saphir und Rubin.
- **Färbung.** Dies ist eine gebräuchliche Art, um Steine zu schönen. Manchmal erkennt man eine Färbung daran, daß Risse im Stein dunkler sind als der restliche Stein. Achat, Howlith, Lapislazuli, Rosenquarz, Rubin werden besonders häufig gefärbt.
- **Ölung.** Jaspis, Smaragd und vor allem Steine mit winzigen Rissen werden oft mit Öl eingerieben, um sie ansehnlicher zu machen und um ihre Oberfläche zu versiegeln.

Des weiteren sollten Sie darauf achten, ob die Steine echt, d. h. natürlich gewachsen sind, oder ob es sich um **synthetische** Steine oder andere **Imitationen**, wie zum Beispiel Glas oder Plastik handelt.

Bei **Dubletten** wird eine Schicht Glas, Metall oder ein preisgünstiger Stein mit einer Schicht Edelstein verklebt; bei **Tripletten** eine dünne Schicht Edelstein zwischen zwei andere Schichten geklebt. Opale werden oft als Dubletten oder Tripletten angeboten und sind dann entsprechend günstiger. Allerdings können sich die aufgeklebten Schichten mit der Zeit lösen.

Fragen Sie also hartnäckig nach, wenn Sie nicht ganz sicher sind, ob der Stein natürlich ist und ob er behandelt wurde. Ein seriöser Händler wird Ihnen dazu Auskunft geben.

Beachten Sie, ob die Farbe, die Reinheit (Einschlüsse, Unreinheiten) und der Schliff (Regelmäßigkeit, Risse) des Steins schön sind, denn das schlägt sich natürlich auch im Preis nieder.

Bei Kugelketten in guter Qualität sollten die Löcher gerade gebohrt sein und jede Kugel die gleiche Form und Größe haben, so daß die Kette kerzengerade ist, wenn man sie senkrecht oder waagerecht hält.

Vergleichen Sie Preise und Qualität. Was auf den ersten Blick günstig scheint, kann sich bei genauerer Prüfung als zu teuer herausstellen, weil der Stein behandelt und geschönt wurde.

Oft werden falsche Bezeichnungen oder Handelsnamen verwendet, um wertvollere Steine vorzutäuschen. Zum Beispiel wird blau gefärbter Jaspis häufig als Schweizer Lapislazuli bezeichnet.

Achten Sie beim Einkauf auf Ihre innere Stimme und wählen Sie die Steine aus, von denen Sie sich angezogen fühlen.

Auswahl

Da jeder Edelstein seine spezielle Schwingung und Wirkung hat, ist es wichtig, den richtigen Stein zu finden, der zu Ihnen paßt und in Ihrer augenblicklichen Lebenssituation helfen kann. Probieren Sie, welche Auswahlmethode Ihnen zusagt:

- Führen Sie Ihre Hand (möglichst die intuitive linke) über die zur Auswahl stehenden Steine. Dort, wo Sie entweder Wärme, Kribbeln oder ein angenehmes Gefühl empfinden, liegt *Ihr* Stein.
- Schließen Sie die Augen und stimmen Sie sich auf Ihre jetzige Lebenssituation ein. Bitten Sie um einen Stein zur Unterstützung. Öffnen Sie die Augen und wählen Sie mit der linken Hand den Edelstein, der Sie am meisten anspricht.
- Lesen Sie die Informationen im Buch. Verwenden Sie den Stein, dessen Text Sie besonders berührt.
- Wenn Sie mit dem Pendel oder dem Muskeltest vertraut sind, können Sie Ihren Stein auch damit austesten.
- Eine einfache und schöne Methode ist die Auswahl mit den Edelsteinkarten aus den Büchern »Die Botschaft der Edelsteine« und »Das Edelstein-Tarot« (siehe Literaturverzeichnis). Sie legen dazu die Karten verdeckt im Bogen aus und wählen intuitiv *Ihren* Stein.
- Falls Sie einen Stein für eine andere Person auswählen möchten, gehen Sie ebenso vor, mit dem Unterschied, daß Sie sich die Person vorstellen und um einen Stein für sie bitten.

Reinigung

Kristalle nehmen die Schwingung ihrer Umgebung und von Personen auf, mit denen sie in Berührung kommen. Deshalb sollten sie regelmäßig gereinigt und neutralisiert werden.

Bewährte Reinigungsmethoden:

- Nehmen Sie die Steine in die Hände. Schließen Sie die Augen und stellen Sie sich einen Bergbach oder Wasserfall vor, der über die Steine fließt und alles Belastende mit sich nimmt. Sodann visualisieren Sie, wie die Sonne die Steine mit Licht und neuer Kraft erfüllt. Sie können bei der Visualisierung das Bild vor Ihrem geistigen Auge sehen oder es spüren oder wissen, daß es so passiert.
- Wenn Sie in Reiki eingeweiht sind, können Sie die Steine in die Hand nehmen und mit Reiki reinigen. Das Kraftsymbol (2. Reikigrad) ist ebenfalls gut für die Reinigung geeignet.

- Legen Sie die Steine für ein paar Stunden in eine Schüssel mit Wasser.

- Halten Sie die Steine eine Minute unter kaltes oder lauwarmes fließendes Wasser und stellen Sie sich vor, wie alles Negative weggespült wird. Legen Sie die Steine anschließend in die Sonne oder ins Tageslicht zum Trocknen.

- Legen Sie Ihre Steine für einige Stunden in eine Kristallgruppe, in eine Amethyst- oder Kristalldruse oder in eine Schüssel mit Sand, der die gleiche Zusammensetzung wie Bergkristall, nämlich Kieselsäure hat. Die Kristalle nehmen die belastenden Schwingungen von Ihren Steinen.

Beachten Sie bitte, daß einige Steine empfindlich auf zuviel Sonnenlicht reagieren:

- Aventurin, Beryll, Citrin, Fluorit und andere Steine können die Farbe verändern oder verlieren.
- Amethyst, Aquamarin, Koralle, Kunzit, Mondstein, Rauchquarz, Rosenquarz, Türkis und einige andere Steine können ausbleichen.
- Feuerachat, Opal und andere wasserhaltige Steine trocknen bei zuviel Hitze oder Sonneneinstrahlung aus und verlieren dabei ihre Schönheit.

Wenn Sie die Steine morgens oder spätnachmittags aufladen, ist das Sonnenlicht nicht so intensiv wie in der Mittagshitze.

Sanftere Steine wie Aquamarin, Calcit, Chalzedon, Mondstein, Opal, Saphir und Smaragd legen Sie besser in das weiche Licht des Mondes.

Denken Sie daran, nicht nur Ihre Steine zu reinigen, sondern waschen Sie sich auch vor und nach jeder Behandlung Ihre Hände.

Taschensteine

Einfach, preisgünstig und bequem ist es, die Steine in der Kleidung bei sich zu tragen, und sie ab und zu in die Hand zu nehmen, um sie so wirken zu lassen. Auch ein kleiner, eventuell selbst genähter Beutel aus Naturstoff eignet sich gut, um die Steine umzuhängen. Bewahren Sie die Steine jedoch nicht im Geldbeutel oder mit Metallgegenständen zusammen auf, da sie sonst leicht beschädigt werden können.

Meditation

Meditation mit Edelsteinen hilft

- sich auf das Hier und Jetzt zu konzentrieren,
- in die eigene Mitte zu kommen, also ausgeglichener zu sein,
- die Steine und ihre Wirkung zu spüren und dadurch mehr über sie zu lernen,
- zu entspannen oder aufmerksamer zu sein, je nach verwendeten Steinen,
- die eigenen Probleme und Lebensumstände besser zu erkennen und zu ordnen,
- mehr Energie zu haben und
- gelassener auf die Herausforderungen des Lebens zu reagieren.

Das sollten Sie bei der Meditation berücksichtigen:

- Meditieren Sie nicht, wenn Sie hungrig, übersättigt oder müde sind.
- Wenn Sie unerfahren sind oder starke körperliche oder seelische Probleme haben, meditieren Sie lieber unter fachkundiger Anleitung.
- Sorgen sie dafür, daß Sie Ruhe haben und nicht gestört werden.
- Legen Sie einengende und unbequeme Kleidungsstücke sowie Schmuck und Uhr ab.
- Legen Sie, wenn Sie mögen, eine ruhige entspannende Musik auf.
- Setzen Sie sich aufrecht oder legen Sie sich entspannt hin, nachdem Sie ihre Meditationssteine ausgesucht, gereinigt und bereitgelegt haben. Dann nehmen Sie die Steine in die Hand oder legen sie auf die Energiezentren des Körpers auf.

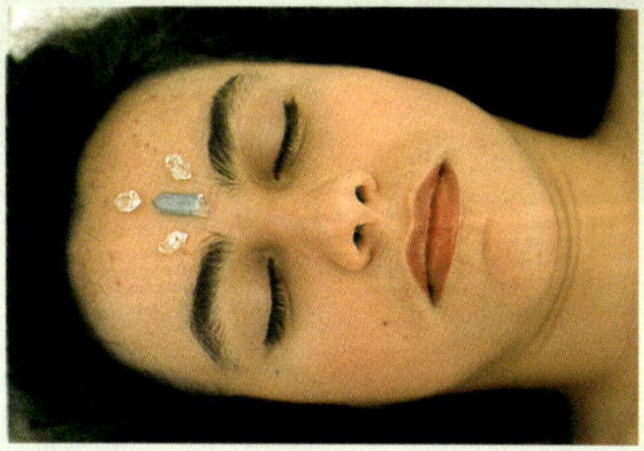

- Falls Ihnen zu viele Gedanken durch den Kopf gehen, atmen Sie tief ein und aus. Dann lassen Sie den Atem fließen, ohne ihn bewußt zu lenken. Richten Sie Ihre Aufmerksamkeit auf die Steine und lassen Sie die Gedanken einfach vorbeiziehen.
- Sollten körperliche Symptome oder Ängste auftauchen, richten Sie Ihr Augenmerk auf den Atem und lassen Sie die Störungen los.
- Entspannen Sie sich und spüren Sie Ihren Empfindungen nach.

Da die Menschen verschieden sind und je nach Veranlagung

- leicht entspannen können,
- sofort einschlafen,
- sich nicht konzentrieren können,
- hellwach oder angespannt sind,

brauchen sie auch unterschiedliche Steine für die Meditation. Zur Erleichterung der Auswahl eine Tabelle, wie die Steine in der Meditation wirken können:

Wirkung	Farbe der Steine
Erdung, Schutz, Stabilisierung	braun, schwarz
Klarheit, Selbsterkenntnis, Problemlösung	weiß, gelb
Aufmerksamkeit, Energie, Konzentration	rot, orange
Ausgleich, Harmonie, Ruhe	grün
Liebe, Nächstenliebe, Toleranz	rosa
Entspannung, Gelassenheit, Ruhe	blau
Konzentration, spirituelle Entfaltung	violett

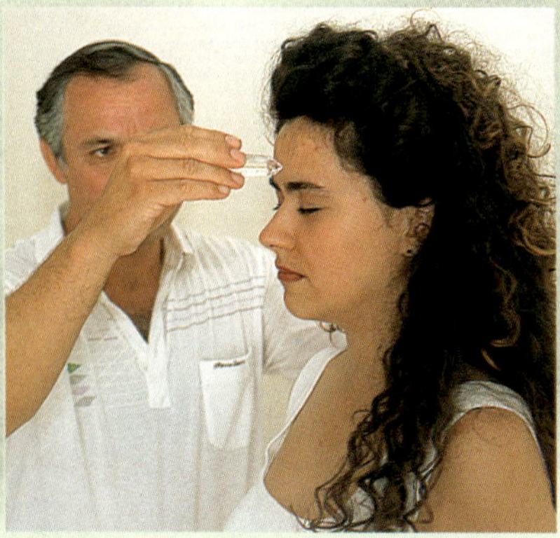

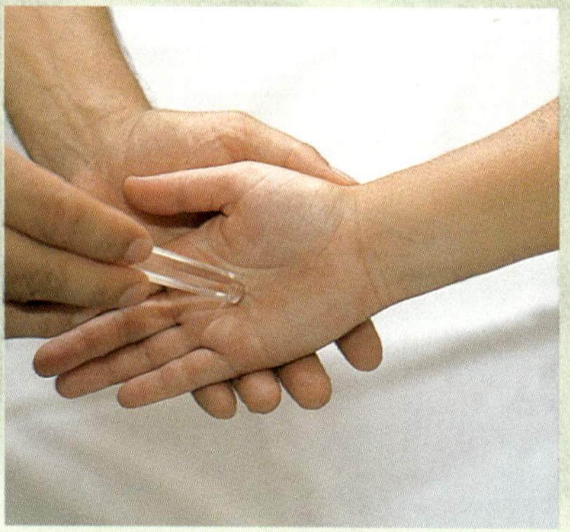

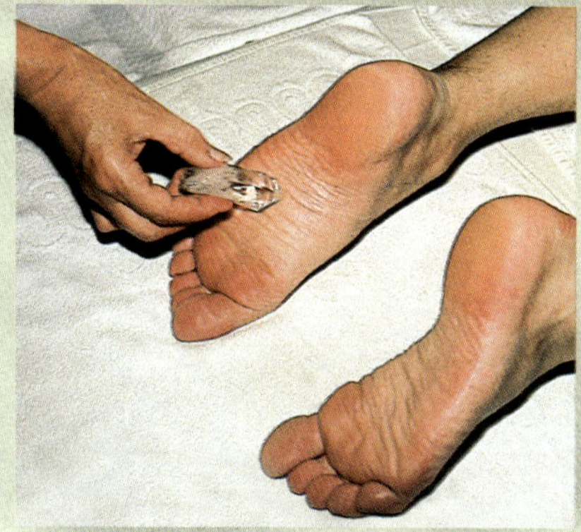

MASSAGE

Mit einer Kristallmassage können Sie sich selbst oder Ihren Partner verwöhnen. Sie ist sehr einfach zu erlernen, aber äußerst wirkungsvoll und entspannend, denn sie wirkt nicht nur im körperlichen Bereich, sondern reinigt die Aura und beruhigt den Geist.

Zur Selbstbehandlung eignet sich

- die **Gesichtsmassage.** Sie ist im Kapitel »Steine bei Hautproblemen« beschrieben.
- die **Handmassage.** Mit einer Bergkristallspitze oder einem Rosenquarztrommelstein gleiten Sie über die Handfläche sowie die Falten und Hügel der Hand. Lassen Sie sich von Ihrer Intuition leiten und führen Sie die Massage möglichst ruhig aus. Berühren Sie die Haut mit dem Kristall, aber üben Sie keinen Druck aus. Anschließend massieren Sie die zweite Hand. Sie können auch den Handrücken mit einbeziehen. Da die Hände wie auch das Gesicht und die Füße alle Reflexzonen der Körperorgane enthalten, wird der ganze Körper durch die Massage angeregt und ausgeglichen.

Zur Partnerbehandlung eignen sich

- **Gesichtsmassage**
- **Handmassage**
- **Fußmassage.** Sie wird wie die Handmassage ausgeführt
- **Rücken- oder Ganzkörpermassage.** Verwenden Sie eine Bergkristallspitze oder alternativ eine Citrin- oder Amethystspitze. Reinigen Sie den Kristall und sehen Sie sich selbst als Energiekanal. Stellen Sie sich vor, daß goldenes Licht durch Ihr Scheitelchakra über Schulter, Arm und den Kristall in Ihrer Hand zu der Person fließt, die Sie massieren möchten.

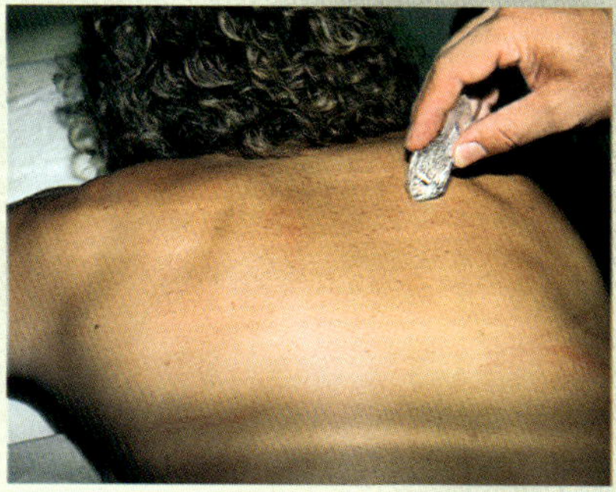

Lassen Sie den Kristall ohne Druck über die Haut gleiten. Machen Sie langsame, ruhige, gleitende Bewegungen. Fangen Sie bei den Füßen (bei der Rückenmassage im Gesäß) an und arbeiten Sie sich langsam nach oben. Achten Sie darauf, daß Sie selbst eine bequeme Haltung einnehmen. Wenn Sie möchten, können Sie die Massage mit einem wohltuenden Aromaöl ergänzen, mit dem Sie den Raum beduften oder das Sie auch in die Haut einreiben können. Nach einer Kristallmassage fühlt man sich ausgeglichen und geborgen.

- Wenn Sie schon etwas Erfahrung mit Edelsteinen und der Kristallmassage haben, können Sie die Massage durch ein Energiefeld verstärken. Legen Sie dazu vier bis zehn Bergkristallspitzen zu einem großen Kreis, mit den Spitzen nach innen. Ihr Partner legt sich nun in diesen Kreis, und auch Sie begeben sich in dieses Energiefeld. Die Massage wird entsprechend wirksamer sein, und Sie werden merken, wie wohltuend und entspannend die Schwingungen in diesem Feld sind.

Selbstbehandlung

Sie können **einen Stein** auf das dritte Auge oder jede Körperstelle legen, die Sie behandeln möchten. Zur Energieverstärkung halten Sie eine Hand auf den Solarplexus und die andere auf den Edelstein. Bleiben Sie so lange liegen, wie es Ihnen angenehm ist.

Suchen Sie sich entsprechend dem Kapitel »Die wichtigsten Steine« intuitiv für **jedes Energiezentrum einen Edelstein** aus. Reinigen Sie die Steine und laden Sie sie auf. Wenn möglich, stellen Sie eine ruhige, entspannende Musik an. Behandeln Sie sich in einem ruhigen Raum, in dem Sie nicht gestört werden.

Legen Sie je einen Stein auf das entsprechende Energiezentrum. Atmen Sie tief ein und entspannen Sie Ihre Muskeln, Ihren ganzen Körper.

Legen Sie nun Ihre Hände, am Scheitelchakra beginnend, auf jedes Energiezentrum für circa drei Minuten auf. Spüren Sie, wo Energie besonders stark oder ganz schwach fließt. So wissen Sie, welche Chakras aktiv sind und welche noch mehr angeregt werden sollten. Bei speziellen Problemen leiten Sie Ihren Atem zu der betroffenen Stelle, indem Sie sich weißes Licht vorstellen, das dorthin fließt. Beim Ausatmen stellen Sie sich vor, daß alles Belastende mit dem Atem aus Ihrem Körper strömt. Nachdem Sie die Übung beendet haben, reinigen Sie die Steine und laden sie auf.

Durch regelmäßige Selbstbehandlungen fühlen Sie sich ausgeglichener und gehen bewußter mit Ihrem Körper und Ihren Problemen um.

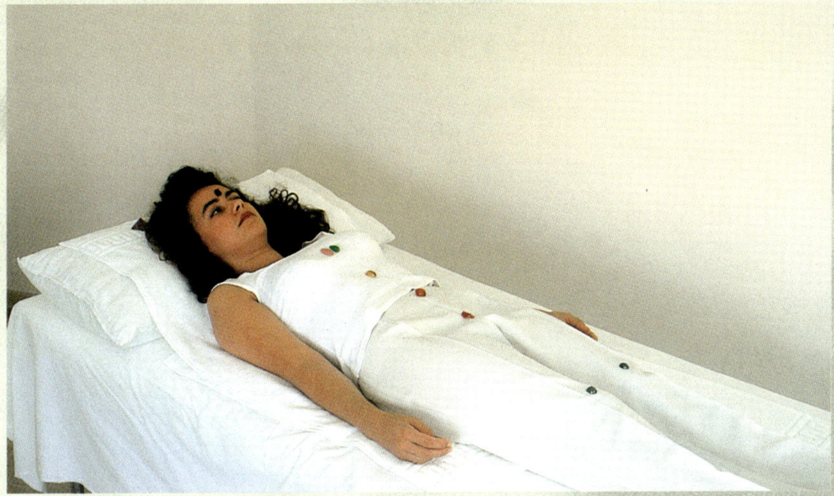

Die Steine sind aufgelegt. Man atmet ruhig und stimmt sich auf die Behandlung ein.

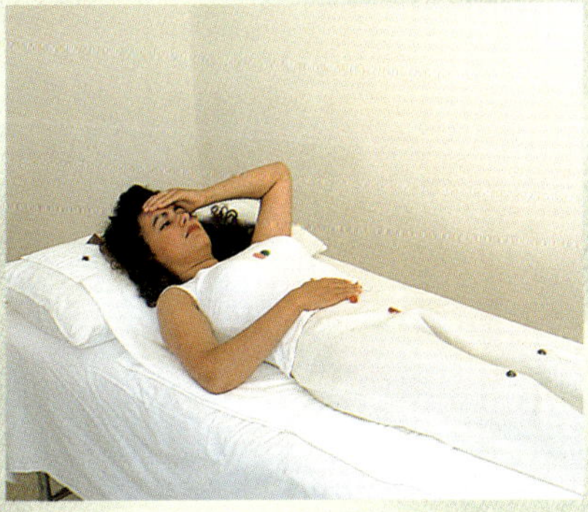

Man legt sich, beim Kopf beginnend, die Hände auf die einzelnen Energiezentren.

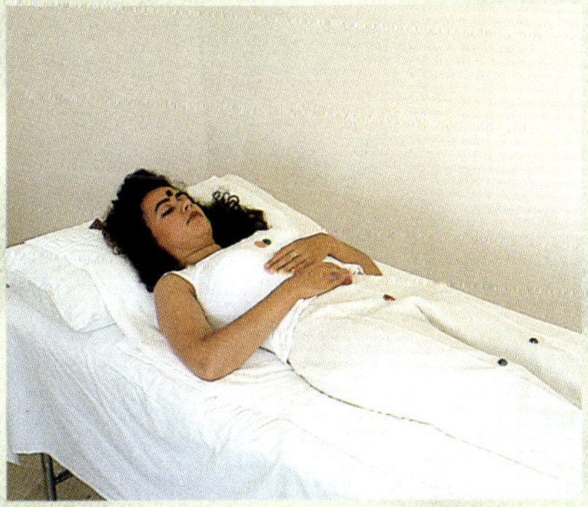

Der Solarplexusgriff entspannt und beruhigt.

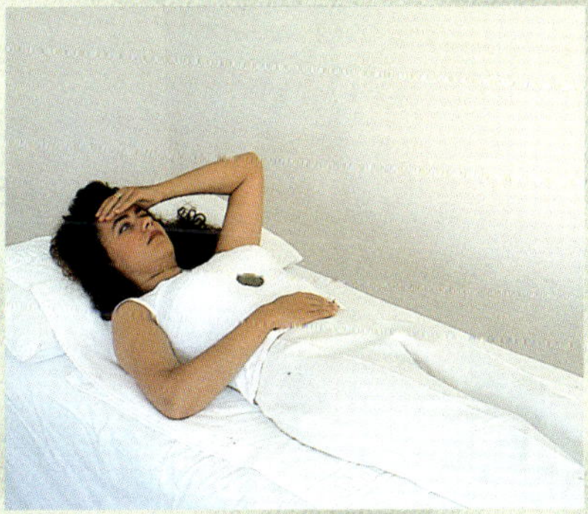

Wenn man wenig Zeit hat, kann man auch mit einem Stein gute Ergebnisse erzielen.

Edelsteinbehandlung

Vorbereitung

- Benutzen Sie einen ruhigen, gut gelüfteten Raum, in dem Sie ungestört bleiben.
- Ruhige, entspannende Musik sorgt für eine wohltuende Atmosphäre.
- Waschen Sie Ihre Hände unter fließendem Wasser.
- Die zu behandelnde Person sollte möglichst lockere und einfarbige, am besten weiße Kleidung tragen und Uhren, Gürtel, Schuhe und Schmuck ablegen.
- Verwenden Sie eine hohe Liege oder einen Tisch, auf den Sie eine weiche Unterlage legen.
- Suchen Sie nun intuitiv für jedes Energiezentrum einen Edelstein aus (siehe Kapitel »Die wichtigsten Steine«).
- Reinigen Sie die Steine und laden Sie sie auf.
- Legen Sie die Steine auf das jeweilige ihrer Farbe entsprechende Energiezentrum. Zwischen die Füße legen Sie einen schwarzen Stein wie Obsidian, Onyx, Rauchquarz oder Turmalin. In jede Hand geben Sie einen Bergkristall, entweder als Spitze, Trommelstein oder als Kugel; aber möglichst zwei ungefähr gleiche Steine.
- Stellen Sie sich in Gedanken Ihre Aura vor, die Sie mit Energie umhüllt. Ebenso stellen Sie sich diese Energiehülle bei der zu behandelnden Person vor.

Behandlung

- Umstreichen Sie die Aura des Patienten mit beiden Handflächen dem Körper zugewandt dreimal im Abstand von circa fünfzehn Zentimetern im Uhrzeigersinn.
- Stellen Sie sich vor, daß kosmische Energie über Ihr Scheitelchakra durch Sie hindurch über Ihre Hände nach außen fließt. Setzen Sie bei der Behandlung nie Ihre eigenen Vorstellungen ein, was geschehen soll, sondern lassen Sie die Steine und die kosmische Energie wirken, zum Wohle aller Beteiligten.
- Beginnen Sie am Scheitelchakra, da hier die entspannende Wirkung am schnellsten eintritt und die Blockaden meist am stärksten sind. Halten Sie die Hände etwa drei bis fünf Minuten lang circa zehn Zentimeter über dieses Energiezentrum. Legen Sie dabei die Hände nebeneinander und halten Sie die Finger geschlossen. Sie können Hitze, Kälte, Prickeln oder Schmerzen in den Händen spüren – ein Zeichen, daß sich Energiestaus lösen oder daß Energie zugeführt wird.
- Führen Sie die Griffe für Scheitelchakra, drittes Auge und Hals aus, indem Sie am Kopf des Patienten stehen. Fügen Sie hier auch den Schultergriff durch, indem Sie Ihre Hände direkt auf die Schulterkuppen auflegen, denn Schultern und Hals sind meist belastet und verspannt, so daß diese Position sehr wohltuend wirkt.
- Führen Sie Ihre Hände so den Körper abwärts über alle Chakras. Für die restlichen Griffe stellen Sie sich an die Seite des Patienten.
- Auch bei den Knien und an den Füßen legen Sie die Hände direkt auf, wie bei den Schultern. Sie können die Hände

Die gereinigten Steine sind auf die entsprechenden Chakras gelegt.

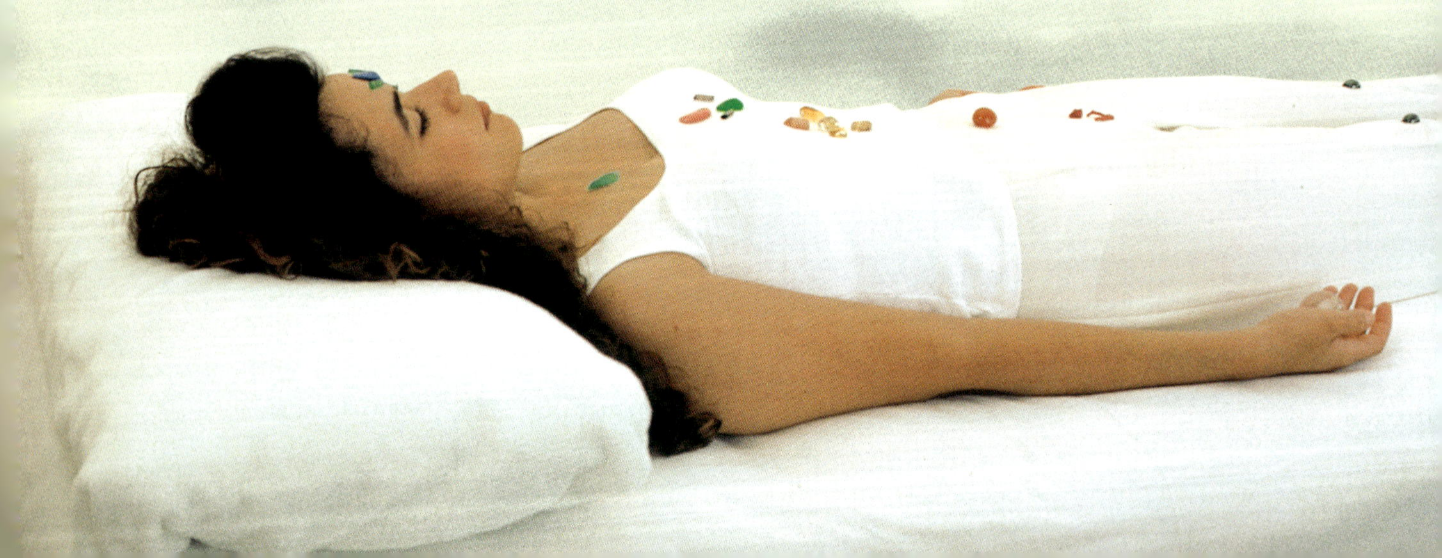

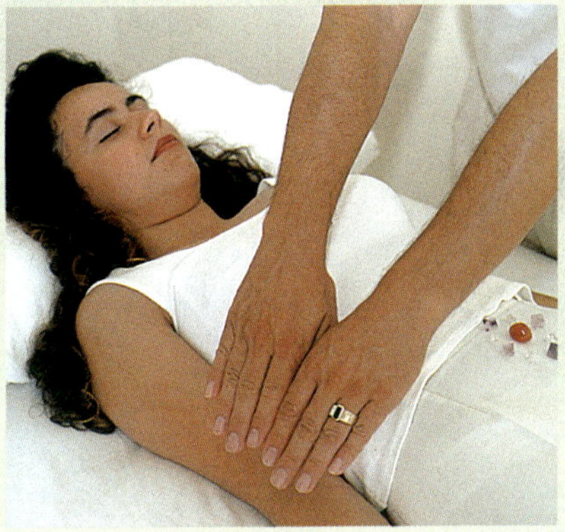

Zu Beginn der Behandlung umkreisen Sie die Aura des Patienten mit den Händen.

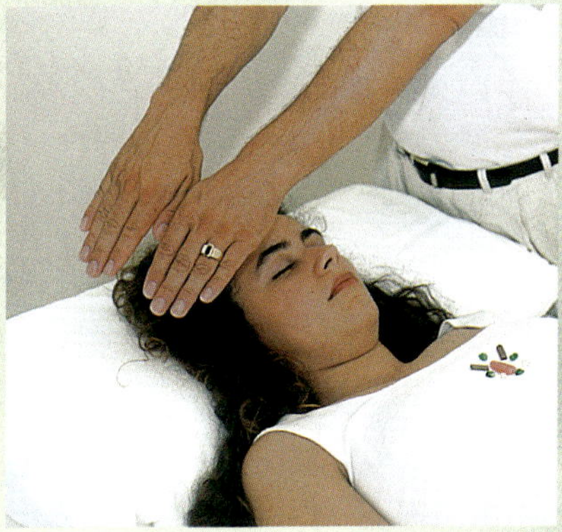

Achten Sie darauf, daß Sie die Finger dabei geschlossen halten.

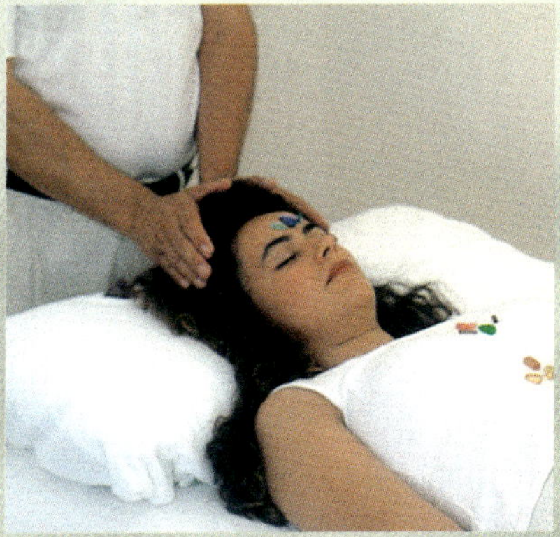

Beginnen Sie mit dem Scheitelgriff, das entspannt und steigert den Behandlungserfolg.

natürlich auch auf alle Chakras legen. Probieren Sie einfach aus, was Ihnen mehr zusagt, die Hände direkt aufzulegen oder in der Aura zu behandeln.

- An den Stellen, die Sie besonders intensiv spüren, verweilen Sie länger.
- Die Behandlung sollte etwa 30 bis 45 Minuten dauern.
- Beim *Loslassen* von aufgestauten Problemen können oft Tränen fließen oder ein Kullern im Darmbereich ausgelöst werden. Manchmal kann sich auch schnupfenartiger Schleim lösen, oder es muß im Anschluß an die Behandlung verstärkt Wasser gelassen werden. Alle diese Reaktionen sind zu begrüßen.
- Beenden Sie die Behandlung mit dem dreimaligen Ausstreichen der Aura und der Reinigung der Steine.
- Berühren Sie den Empfänger der Behandlung leicht an der Schulter und nennen seinen Namen. Er sollte die Anwendung möglichst noch nachklingen lassen und etwas ruhen.

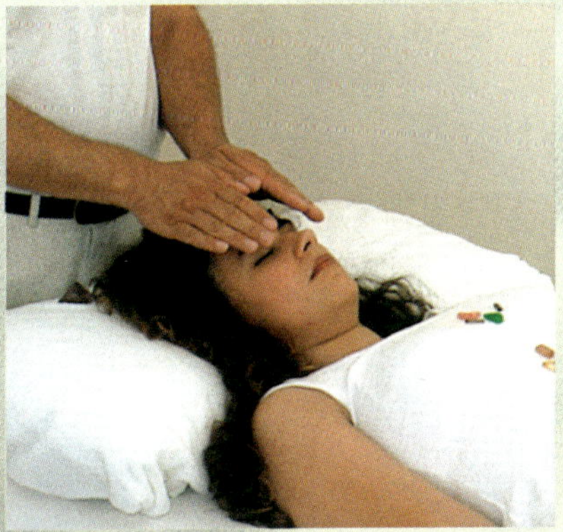

Halten Sie die Hände mit etwas Abstand über Stirn und Augen.

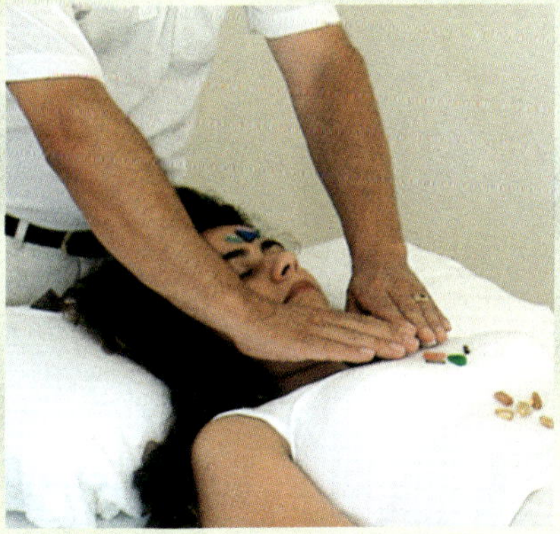

Über dem Halschakra bilden Sie mit den Händen ein V.

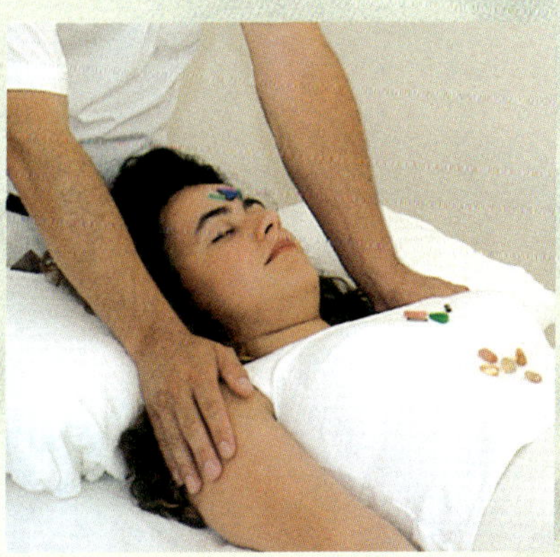

Der Schultergriff ist sehr entspannend und wohltuend.

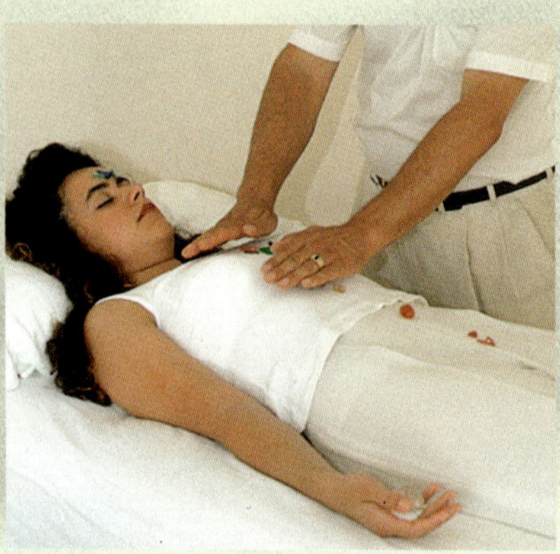

Den Herzgriff machen Sie von der Seite.

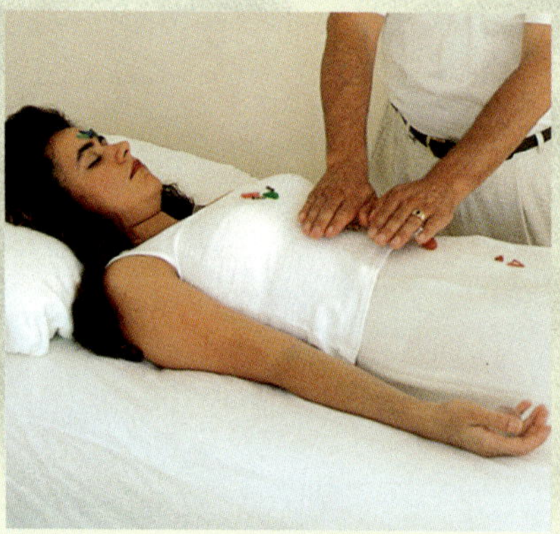

Mit dem Solarplexusgriff können sich Blockaden und gestaute Emotionen lösen.

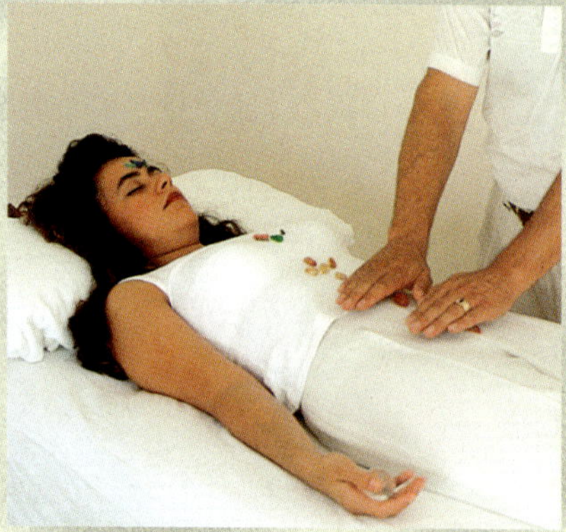

Basis- und Nabelchakra kann man mit einem Griff behandeln.

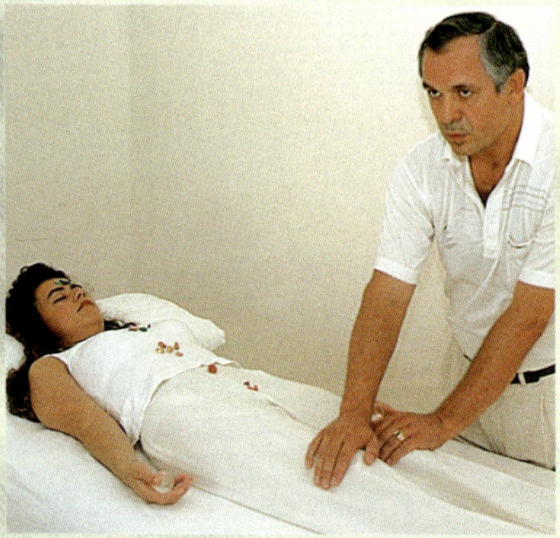

Die Knie sind meist besonders belastet. Hier legen wir die Hände auf die Kniescheiben.

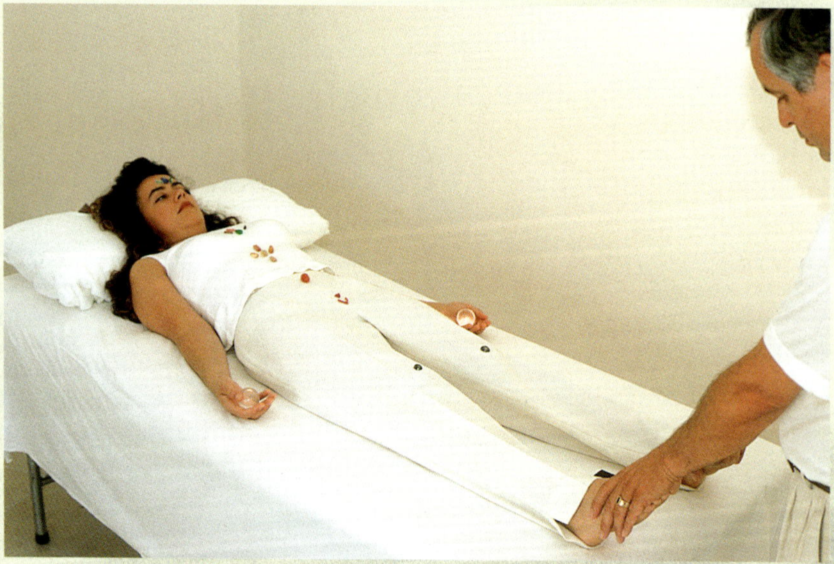

Der Fußgriff erdet und stabilisiert.

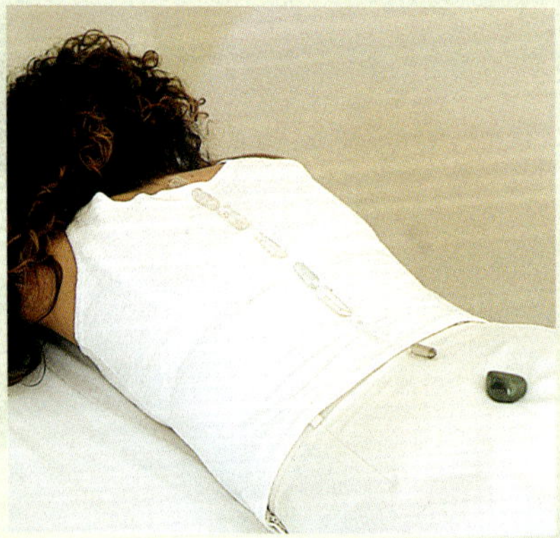

Besonders bei Rückenproblemen legen wir eine Reihe von Bergkristallspitzen auf die Wirbelsäule, um den Energiefluß zu aktivieren.

Fern- und Mental-behandlung

Mit einer **Fernbehandlung** können Sie einer an einem entfernten Ort befindlichen Person Energie zuschicken. Ebenso kann mit einem Ereignis, das in der Vergangenheit, Gegenwart oder Zukunft liegt, verfahren werden.

Gehen Sie dabei folgendermaßen vor:

- Bitten Sie die Person, die Sie behandeln wollen, um Erlaubnis. Falls Sie nicht persönlich mit ihr reden können, fragen Sie sie in Gedanken. Wenn Sie dabei ein angenehmes Gefühl haben, können Sie davon ausgehen, daß Sie behandeln dürfen. Ist das Gefühl eher unangenehm, unklar oder ablehnend, sollten Sie von der Behandlung Abstand nehmen. Beachten Sie, daß Menschen das große Geschenk und die Verantwortung des freien Willens haben. Das sollten wir respektieren und niemandem unseren Willen oder unsere Hilfe aufzwingen, auch wenn es noch so gut gemeint ist. Denn wir tragen die Verantwortung für unsere Handlungen.
- Waschen Sie Ihre Hände unter fließendem Wasser.
- Suchen Sie sich zwei Bergkristallspitzen aus und reinigen Sie sie.
- Legen Sie eine Spitze in Ihre Hand und stellen Sie sich die Person (mit dem Kopf zur Kristallspitze) oder das Ereignis und den entsprechenden Zeitpunkt in diesem Bergkristall vor. Den zweiten Kristall nehmen Sie in die andere Hand und richten seine Spitze auf den ersten Kristall.
- Bitten Sie darum, Heilungskanal sein zu dürfen. Atmen Sie tief ein und aus. Stellen Sie sich vor, daß weiße kosmische Energie durch Ihr Scheitelchakra einfließt und über Kopf, Schultern, Arme und Hände und den Kristall zu der Person strömt, die Sie behandeln.

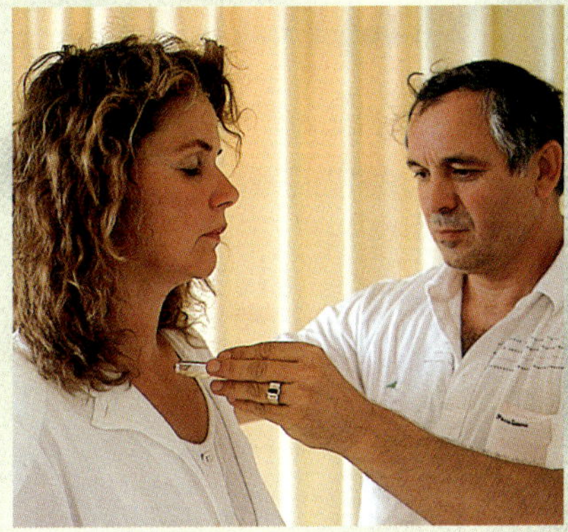

Mentalbehandlung mit einer Kristallspitze.

- Sehen oder spüren Sie in Ihrer Vorstellung, wie der Kristall, die Person bzw. das Ereignis sich mit kosmischer Energie auflädt und lichter und lichter wird.
- Behandeln Sie nur so lange, wie Sie sich gut konzentrieren können oder bis Sie das Gefühl haben, daß genug Energie übertragen wurde. Eine Fernbehandlung kann ungefähr fünf bis zehn Minuten dauern.
- Zum Abschluß reiben Sie Ihre Handflächen aneinander und reinigen die Bergkristalle.

Für die **Mentalbehandlung** reinigen Sie eine Bergkristallspitze und Ihre Hände.

- Stellen Sie sich vor die Person, die Sie behandeln möchten.
- Bitten Sie darum, Heilungskanal sein zu dürfen. Atmen Sie tief ein und aus.
- Richten Sie die Bergkristallspitze auf die Person oder die Körperstelle, die Sie besonders behandeln möchten.
- Die andere Hand halten Sie hinter der Person parallel zur Kristallspitze.
- Stellen Sie sich vor, daß weiße kosmische Energie durch Ihr Scheitelchakra einfließt und über Kopf, Schultern, Arme und Hände und den Kristall zu der Person strömt, die Sie behandeln.
- Sehen oder spüren Sie in Ihrer Vorstellung wie sich der Körper der behandelten Person nach und nach mit strahlender kosmischer Energie füllt.
- Zum Abschluß reiben Sie Ihre Handflächen aneinander und reinigen die Kristallspitze.

Bleiben Sie bei allen Edelsteinbehandlungen neutral. Geben Sie keine eigenen Wünsche oder Erwartungen in die Behandlung. Das stört den freien Energiefluß und entzieht Ihnen Ihre eigene Energie. Wenn Sie sich jedoch als Heilungskanal betrachten und die Energie frei fließen lassen, bekommen Sie bei jeder Behandlung, die Sie geben, auch selbst genug Energie ab, um sich danach frisch und wohl zu fühlen.

Fernbehandlung mit zwei Kristallspitzen.

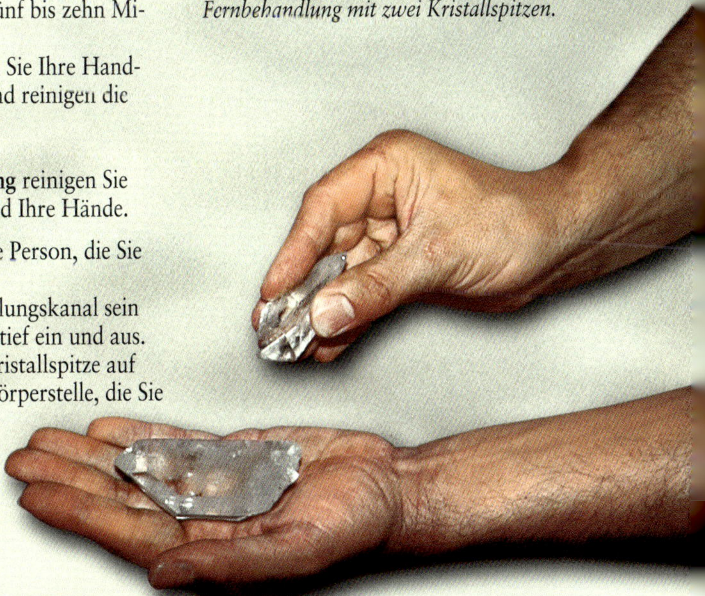

Schmuck

Schmuck ist eine besonders schöne Art, um Steine auf sich wirken zu lassen. Verwenden Sie die Metallfassung, die Ihnen am meisten entspricht:

Handgearbeiteter Goldschmuck mit Edelsteinen.

- Gold reinigt, aktiviert, wärmt, harmonisiert und regt die Selbstheilungskräfte an. Dieses sonnige Metall verstärkt die Wirkung der Steine. Kaufen Sie möglichst eine Legierung, die mindestens die Hälfte Gold enthält, also 585 (14 Karat) oder 750 (18 Karat).
- Kupfer symbolisiert Geborgenheit, Liebe, Harmonie, Lebenskraft, Optimismus, Schönheit und Weiblichkeit. Es entgiftet, vitalisiert und fördert die Wundheilung.
- Messing wirkt entgiftend, heilend, lösend und schützend.
- Platin ist das teuerste Metall. Es ist schwerer und härter als Gold. Es wird mit einer Reinheit von 95% (Stempel Pt 950) verarbeitet. Platin beruhigt, festigt bei Labilität und regt den Geist an. Zuviel Platin kann jedoch zu Verschlossenheit und Gefühlskälte führen.
- Silber steht für Schutz, Intuition, Phantasie, Liebe, Romantik und Empfindsamkeit. Es paßt besonders zu weiblichen sanften Steinen wie Aquamarin, Chalzedon, Rosenquarz oder Mondstein. Silber wird meist in einer Reinheit von 800 oder 925 Tausendstel verarbeitet.
- Titan ist sehr hart und hitzebeständig. Es stärkt die Widerstandskraft, beruhigt und schützt.

Collier aus rosa Süßwasserperlen und Turmalinen.

Die Steine können besser wirken, wenn sie zum Körper hin offen gefaßt sind. Machen Sie sich auch bewußt, an welcher Körperstelle Sie Ihren Schmuck tragen möchten: **Anhänger** und **Ketten** können je nach Länge auf das Hals-, Herz- oder Solarplexus-Chakra wirken.

Broschen wirken besonders auf den Bereich des Körpers, wo sie befestigt werden.

Armbänder und **Armreifen** stehen für Einheit und Unendlichkeit und binden die Steinenergie an die Hand.

Ringe symbolisieren Einigkeit, Schutz und Verbindungen. Sie verstärken die Bedeutung des Fingers, an dem sie getragen werden:
Daumen: Antriebskraft, Ego, Energie; Mars.
Zeigefinger: Weisheit, Selbstvertrauen; Jupiter.
Mittelfinger: Stärke, Verantwortung; Saturn.
Ringfinger: Vitalität, Schönheit, Kunst; Apollo.
Kleiner Finger: Intuition, Beziehungen, Kommunikation; Merkur.
Ohrringe stimulieren über die Akupunkturpunkte der Ohrläppchen das Stirn- und Scheitelchakra.

Wenn Sie zur Verwirklichung eines Ziels Unterstützung brauchen oder bestimmte Energien anziehen möchten, können Sie einen **Talisman** tragen. Nachdem Ihr Ziel klar ist, suchen Sie sich einen Stein aus, der zu Ihrem Ziel paßt. Diesen lassen Sie in dem zu Ihrem Ziel passenden Metall fassen. Zusätzlich können Sie ein Symbol wählen, das Ihr Ziel darstellt. Dieses Symbol können Sie in die Fassung Ihres Schmuckstücks eingravieren lassen oder das Schmuckstück kann auch gleich in dieser Form gearbeitet werden. Sie möchten beispielsweise beruflich eine neue Ebene erreichen, müssen dafür aber viel lernen. Für dieses Ziel könnten Sie Lapislazuli oder Saphir wählen, denn beides sind Steine, welche die geistige Arbeit, Lernen und neue Einsichten unterstützen.

Als Symbol wäre ein Dreieck, das mit der Spitze nach oben (in die geistige Ebene) zeigt, geeignet. Das Dreieck symbolisiert auch das Erreichen einer neuen, übergeordneten Ebene.

Sonnenrad als Talisman, Symbol der Sonnenenergie. Gold mit Rubinen symbolisiert die Kraft der Sonne.

Verschiedene persönliche Edelsteinketten.

Das Sonnenmetall Gold symbolisiert Energie, Aktivität und Ausdauer, Eigenschaften, die Sie zur Verwirklichung Ihres Ziels gut gebrauchen können. Sie könnten den Stein zu einem dreieckigen Goldanhänger fassen lassen, der Sie immer, wenn Sie ihn tragen, an Ihre Absicht erinnert und damit Ihr Unterbewußtsein anregt, weiter am Ziel zu arbeiten.

Ein **Amulett** soll seinen Träger schützen und vor negativen Einflüssen bewahren. Dafür eignen sich besonders Schutzsteine wie Achat, Chrysokoll, Malachit, Rosenquarz, schwarzer Turmalin und Türkis. Auch hier verstärkt die richtige Verbindung von Stein, Metall und Symbol die Gesamtwirkung des Schmuckstücks. Der Zeitpunkt der Herstellung des Amuletts spielt ebenfalls eine Rolle für seine Wirkung.

Persönliche Edelsteinketten sind eine besonders ausgewogene Möglichkeit, um die Wirkung von verschiedenen Edelsteinen speziell auf den Träger abzustimmen. Aus über 40 verschiedenen Steinen werden die Steine ausgetestet, welche für den jetzigen Lebensabschnitt geeignet sind. Dann wird die Kette intuitiv nach Muster, Farbe und einem speziellen Rhythmus zusammengestellt.

Die persönlichen Ketten wirken ausgleichend und ergänzend auf Körper, Geist und Seele. Die Aura und die persönliche Ausstrahlung werden verstärkt.

Spezielle Anwendungen

Legemuster

Zur Verstärkung der Energie kann man Edelsteine nach einem bestimmten Symbol oder als Muster auf den Körper legen. Besonders bei hartnäckigen Blockaden und chronischen Beschwerden bieten sich Legemuster an. Für diese fortgeschrittene Technik sollten Sie schon einige Erfahrung mit Edelsteinen gesammelt sowie eine größere Auswahl von Edelsteinen und Bergkristallspitzen zur Verfügung haben.

Festgelegte, starre Muster sind nicht für alle Situationen und Entwicklungsphasen passend. Bevorzugen Sie daher der Situation angepaßte Legemuster, die Sie intuitiv zusammenstellen. Aber auch hierzu gibt es bestimmte Erfahrungswerte und Erkenntnisse, die Sie gut verwenden können.

Stimmen Sie sich auf das jeweilige Chakra oder das Problem ein und wählen Sie verschiedene Steine aus. Diese legen Sie dann als geometrische Figur oder in Form eines Symbols auf das Chakra. Richten Sie die Steine möglichst immer symmetrisch zur Körpermitte (Wirbelsäule) aus.

Dazu einige allgemeingültige Regeln und Hinweise zur Verwendung der Kristalle:

Kristallspitzen:
- Wird die Spitze zum Chakra gerichtet, wird Energie zugeführt, und die Wirkung des Steins, auf den der Kristall zeigt, verstärkt sich;
- Zeigt die Spitze nach außen vom Energiezentrum bzw. dem darauf liegenden Stein weg, wird überschüssige Energie abgeleitet, und Blockaden können sich lösen.

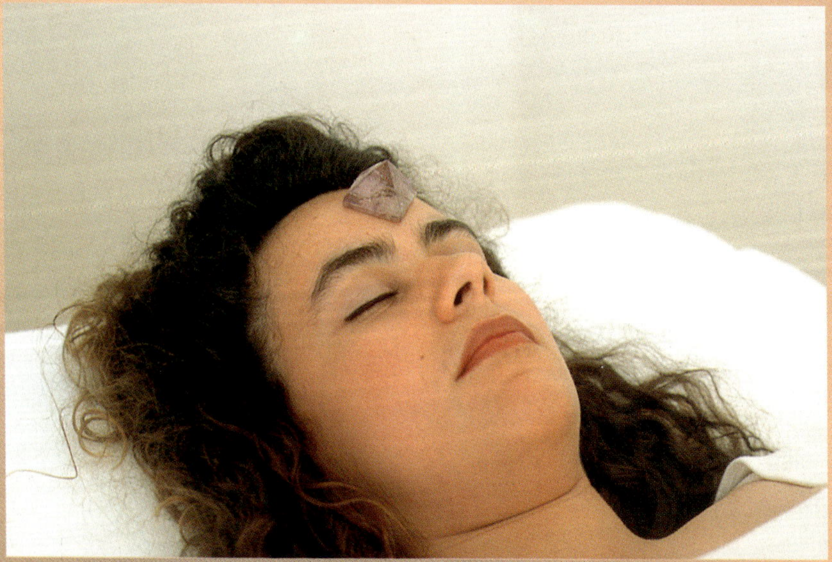

Doppelspitzen und Herkimer-Diamanten: Dies sind Kristalle mit einer Spitze auf jeder Seite. Hier findet Energieaustausch in beide Richtungen statt. Die Spitzen können Energie zuführen oder ableiten, was sehr ausgleichend wirkt. Man kann die Doppelspitzen um das Chakra oder zum verstärkten Energiefluß zwischen zwei Energiezentren legen.
Stäbe aus Aquamarin, Topas, Smaragd, Turmalin werden wie Doppelspitzen verwendet.
Pyramiden: Sie werden zur Blockadenlösung oder Energieverstärkung auf ein Chakra oder das dritte Auge gelegt.
Fluoritoktaeder: Fluorit kann Blockaden aufweichen oder lösen. Seine Form als Oktaeder (Doppelpyramide) leitet die Energie durch die Spitzen in die betroffene Stelle oder in das Chakra, auf dem er liegt. Der Fluorit ist besonders bei festgefahrenen Denkmustern einzusetzen.
Pyritscheibe: Die naturgewachsene Scheibe aus Pyrit oder Markasit, auch Pyritsonne oder Heilscheibe genannt, wirkt lösend, schmerzlindernd und heilend. Man legt sie direkt auf die schmerzende Stelle oder das betroffene Energiezentrum.
Kugeln und Eier: Sie rollen leicht vom Körper, deshalb sind sie am besten für die Hände geeignet. Sie harmonisieren und beruhigen.

Steine mit einfachen Spitzen kann man auch durch Doppelspitzen ersetzen. Der Intuition sind keine Grenzen gesetzt bei der Anwendung von Legemustern.
Geometrische Legemuster: Legt man die Steine in geometrische Muster, so kommt zusätzlich noch die Kraft dieser Symbole zur Wirkung.

Amethystpyramide auf dem dritten Auge.

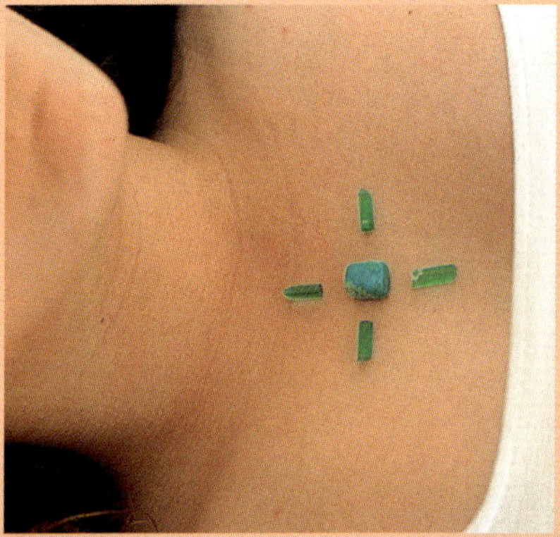

Türkis mit Turmalin-Stäben zur Aktivierung des Kehl-Chakras.

Legemuster für das Herzchakra für Freude, Liebe und Harmonie. Rhodochrosit, zwei rosa Turmaline, Smaragde und Herkimer-Kristalle.

Solarplexus-Chakra mit gelben Steinen zur Aktivierung der Gefühle.

Dreieck: Gegensätze vereinigen sich, Polaritäten werden harmonisiert oder aufgelöst.
Spitze nach oben: symbolisiert aufsteigende, erhöhende, männliche Kraft.
Spitze nach unten: steht für weibliche Energie, führt in die Materie, ins Körperliche.

Davidstern: Die Verbindung beider Dreiecke vereint die schöpferische und gebärende Kraft, das Aktive und das Passive. Dieses Legemuster ist außerdem ein Schutzzeichen.
Oval: Dieses Muster hat Keimkraft, vitale Energie. Es ist Symbol von Gesundheit und Schönheit.

Quadrat: Es symbolisiert Materie, Weiblichkeit, Ruhe und Festigkeit.
Kreis: Er ist der Gegenpol zum Quadrat und repräsentiert Geborgenheit, Einheit, Ganzheit und Fülle.

Fluoritoktaeder zur Lösung von Blockaden und Karneol und Herkimer zur Energieverstärkung.

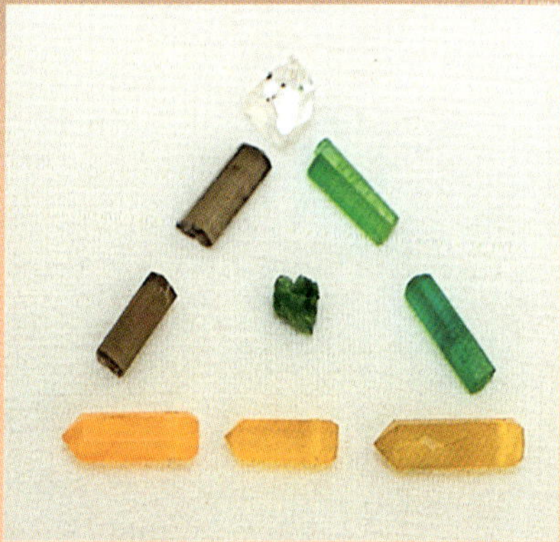

Ein Dreieck aus Calcit (gelb), blauem und rosa Turmalin, Herkimer-Kristall und Smaragd. Zur Lösung von Blockaden, Verstärkung des Energieflusses und Harmonisierung.

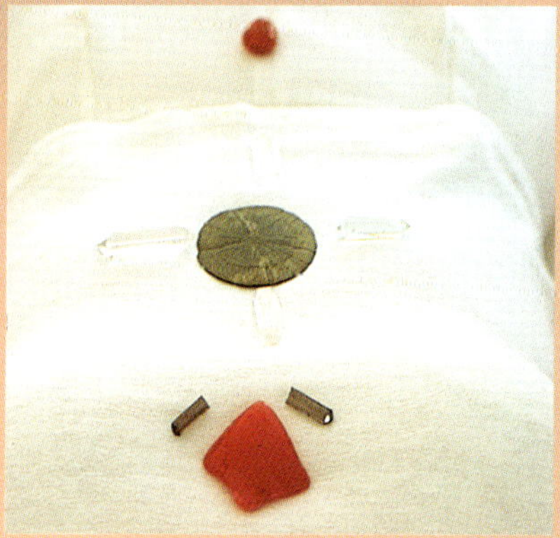

Eine Pyritscheibe auf dem Solarplexus wird von vier Kristall-Doppelspitzen in Ihrer Wirkung verstärkt.

Edelsteine für Tiere

Bergkristallwasser eignet sich gut zum Trinken für die Tiere.

Man kann einen Edelstein auf den Schlafplatz legen, um den Tieren die entsprechende Energie zukommen zu lassen. Amethyst, Rosenquarz und Hämatit sind dazu gut geeignet.

Bei Haustieren kann man einen Edelstein (z. B. Bergkristall, Hämatit) in einem Stofftäschchen am Halsband befestigen.

Edelsteine für Pflanzen

Pflanzen reagieren sehr gut auf Edelsteine und Edelsteinwasser. Am besten suchen Sie die Steine für Ihre Pflanzen intuitiv aus. Besonders der Bergkristall mit seiner vielseitigen Wirkung verbessert Gesundheit und Wachstum der Pflanzen. Dazu steckt man eine Kristallspitze in die Erde neben die Pflanze oder stellt eine Kristallgruppe oder Druse in ihre Nähe. Auch vier Bergkristallspitzen (circa drei bis sechs Zentimeter lang), die man mit der Spitze nach innen in Kreuzform um die Pflanze legt, verstärken das Energiefeld. Zum Gießen eignet sich besonders gut Edelsteinwasser (siehe Kapitel »Edelsteine zur Wasserverbesserung«). Auch Rohsteine oder Bruchstücke von Steinen kann man in die Erde zu den Pflanzen legen.

Steine für eine Topfpflanze.

Bergkristallspitze zum Energetisieren des Gartenwassers.

Zur Anregung des Wachstums im Garten kann man eine Kristallspitze (im Norden) oder vier Spitzen (circa vier bis acht Zentimeter lang, in jede Himmelsrichtung eine, mit den Spitzen zum Garten) in der Erde am Gartenrand (etwa fünf bis zehn Zentimeter tief) vergraben.

Wenn Sie Ihren Garten gießen, können Sie an den Schlauch einen Bergkristall mit der Spitze ins ausfließende Wasser halten, oder legen Sie eine Bergkristallspitze in die Gießkanne. Dies verbessert die energetische Qualität des Wassers und unterstützt so die Entwicklung der Pflanzen.

Wer Schwierigkeiten im Umgang mit Pflanzen hat, kann sein Einfühlungsvermögen fördern, indem er einen Moosachat bei sich trägt. Der Moosachat, auch Gärtnerstein genannt, vermittelt Liebe zur Natur und Verständnis für die Bedürfnisse der Pflanzen.

Edelsteine zur Wasserverbesserung

Der Bergkristall eignet sich besonders gut zur Energieanreicherung von Wasser. Legen Sie dazu eine Kristallspitze für einige Stunden in einen großen Wasserbehälter aus Glas oder Porzellan. Das Bergkristallwasser eignet sich

- zum Trinken,
- zum Kochen,
- als Badewasserzusatz,
- zur Herstellung von Kosmetik,
- zum Gießen der Pflanzen,
- zur Verdünnung von Blüten- und Edelsteinessenzen,
- zum Einreiben auf die Reflexzonen.

Die Kieselsäure, aus der Bergkristall besteht, hilft, fremde und krankmachende Stoffe aus dem Körper zu schleusen.

Tip: Befestigen Sie eine Bergkristallspitze mit Klebeband am Wasserhahn, mit der Spitze zur Ausflußöffnung. So wird das Wasser ständig mit Energie angereichert.

Kristallgruppen

Kristallgruppen bringen nicht nur Schönheit sondern auch *Harmonie* in den Raum.

Wenn Sie eine Kristallgruppe als *Tischdekoration* benutzen, werden Sie feststellen, daß die Menschen, die sich hier zusammensetzen, ausgeglichener und harmonischer reagieren. Die Tischthemen werden ergiebiger sein und friedlicher verlaufen.

An einem mit einer Kristallgruppe dekortierten *Arbeitsplatz* mit Publikumsverkehr, sind die Gespräche ruhiger, entspannter und vielleicht auch fröhlicher.

Im *Krankenzimmer*, wo oft viele negative Schwingungen vorhanden sind, wirkt eine Kristallgruppe neutralisierend, wohltuend und energiespendend. Der Genesungswille wird angeregt. Hier sollte der Kristall täglich gereinigt werden, bei den vorgenannten Anwendungen mindestens einmal die Woche.

Kristallgruppe. Hier zum Aufladen und Reinigen von Schmuck.

Pendeln mit Edelsteinen

Wenn Sie ein Instrument für Ihr Unterbewußtsein, etwa zum Austesten der Steine oder zum Beantworten von Fragen möchten, können Sie ein Pendel benutzen. Beim Pendel sollte die Spitze nach unten zeigen, und im oberen Teil kann eine Öse mit Schnur oder Kette angebracht sein. Zum besseren Halt können Sie am Ende der Schnur eine Kugel oder einen Ring anbringen, durch den Sie den Mittelfinger stecken können, denn das Pendel kann sehr heftig schwingen. Mit dem Ring haben Sie es besser im Griff.

Pendel aus Edelsteinen, besonders aus Bergkristall, sind nicht nur schön, sondern haben den Vorteil, daß man sie zusätzlich programmieren kann. Gehen Sie dabei folgendermaßen vor:

Reinigen Sie das Pendel unter fließendem Wasser. Visualisieren Sie ein Gedankenbild, wie Sie sich über die guten Ergebnisse des Pendels freuen und dankbar für die Unterstützung Ihres Unterbewußtseins sind. Dann stellen Sie sich dieses Bild in Ihrem Kristallpendel vor.

Wenn Sie mit Ihrem Pendel noch keine Zeichen vereinbart haben, konnen Sie so vorgehen:

- Sitzen Sie aufrecht, Beine und Arme sind nicht gekreuzt. Halten Sie das Pendel über eine flache Unterlage.
- Lassen Sie nun das Pendel vor und zurück schwingen (wie beim Kopfnicken) und denken Sie dabei Ja.
- Dann lassen Sie das Pendel seitwärts schwingen (wie beim Kopfschütteln) und denken Sie dabei Nein.
- Lassen Sie das Pendel im Uhrzeigersinn drehen für Harmonie, Aufladung und positive Energien.

Bergkristallpendel

- Die entgegengesetzte Drehrichtung bedeutet Disharmonie, Entladung und negative Energien.
- Um gute Ergebnisse zu erzielen, bleiben Sie beim Pendeln neutral und ohne Erwartungshaltung. Reinigen Sie Ihr Pendel öfter unter fließendem Wasser.

Zuordnung zu den Sternzeichen

Oft werde ich nach einem passenden Stein für ein Stern- oder Tierkreiszeichen gefragt. Die Auswahl eines Edelsteins nach diesem Kriterium ist jedoch sehr allgemein, denn der Aszendent und die Position der Planeten sind ja bei jedem Menschen verschieden, spielen aber eine große Rolle für das Horoskop.

Wenn man also eine genaue Wahl treffen wollte, müßte man einen gewissenhaften Astrologen fragen, der sich mit Edelsteinen beschäftigt und das Horoskop entsprechend auswertet. Aber selbst dann würde der gewählte Stein nur für den momentanen Lebensabschnitt gelten. Besser ist es also, Ihren Stein intuitiv auszuwählen.

Hier eine Aufstellung, welche Edelsteine am besten zu der Charakteristik der einzelnen Sternzeichen passen. Wenn Sie Ihren Aszendenten kennen, sehen Sie auch unter diesem Zeichen nach, denn er spielt ebenfalls eine große Rolle für Ihre Entwicklung, vor allem in der zweiten Lebenshälfte.

Tierkreiszeichen: WIDDER
Datum: 21. 3.– 20. 4.

Symbol: ♈
zugeordneter Planet: Mars   Symbol: ♂
Element: Feuer
Edelsteine: Granat, Rubin, Feueropal, Jaspis, Hämatit, Rhodochrosit, Rhodonit, Diamant.
Farbe: Rot
Motto /Ausdruck: Ich bin

Diamant

Typische Eigenschaften: tatkräftig, selbstsicher, willensstark, tapfer, zielstrebig, ehrgeizig, offen, schöpferisch, geradlinig, mag keine Routine
Typische Schwächen (Typische Eigenschaften, die es noch umzuwandeln gilt): rücksichtslos, aggressiv, unvorsichtig, zornig, starrsinnig, ungeduldig
Angstpunkt: Untätigkeit und Machtlosigkeit hindern den Widder, seine Ziele zu verwirklichen.
Lernaufgabe (Weg aus dem Angstpunkt): Indem er mehr auf die innere Stimme hört, findet er zu mehr Gelassenheit und Rücksicht.

Tierkreiszeichen: STIER
Datum: 21. 4.–20. 5.

Smaragd

Symbol: ♉
zugeordneter Planet: Venus *Symbol:* ♀
Element: Erde
Farbe: erdige Farben, Grün
Edelsteine: Achat, Aventurin, Chrysokoll, Karneol, Lapislazuli, Malachit, Rosenquarz, Saphir, Smaragd, Turmalin
Motto /Ausdruck: Ich habe

Typische Eigenschaften: entschlossen, beharrlich, geduldig, zuverlässig, gesellig, praktisch.
Typische Schwächen (Typische Eigenschaften, die es noch umzuwandeln gilt): schwerfällig, genußsüchtig, stur, egoistisch.
Lernaufgabe (Weg aus dem Angstpunkt): Indem er auf die Fülle des Lebens vertraut, kann der Stier sein Sicherheitsstreben loslassen und große Ziele erreichen.

Tierkreiszeichen: ZWILLING
Datum: 21. 5.–21. 6.

Türkis

Symbol: ♊
zugeordneter Planet: Merkur Symbol: ☿
Element: Luft
Farbe: Gelb, helles Grau
Edelsteine: Achat, Chrysopras, Citrin, Goldtopas, Moosachat, Rutilquarz, Tigerauge, Türkis.
Motto /Ausdruck: Ich denke

Typische Eigenschaften: intelligent, kontaktfreudig, beweglich, offen, leicht, geschickt.
Typische Schwächen (Typische Eigenschaften, die es noch umzuwandeln gilt): unschlüssig, unruhig, kritisch, listig, zweiflerisch.
Lernaufgabe (Weg aus dem Angstpunkt): Der Zwilling versucht die Welt zu ergründen. Zwischen zwei Parteien zu vermitteln ist seine Stärke.

Tierkreiszeichen: KREBS
Datum: 22. 6.–22. 7.
Symbol: ♋
zugeordneter Planet: Mond Symbol: ☾
Element: Wasser
Farbe: Violett, Silber
Edelsteine: Aventurin, Chalzedon, Karneol, Jade, Mondstein, Olivin, Opal, Perle, Rhodochrosit, Rosenquarz, Smaragd.
Motto /Ausdruck: Ich fühle

Perle

Typische Eigenschaften: treu, feinfühlig, häuslich, mitfühlend, phantasievoll, anpassungsfähig, mütterlich.
Typische Schwächen (Typische Eigenschaften, die es noch umzuwandeln gilt): passiv, launisch, empfindlich, verschlossen, wehleidig.
Lernaufgabe (Weg aus dem Angstpunkt): Lernen, mit Gefühlen umzugehen und auf die eigene seelische Stärke zu vertrauen.

Tierkreiszeichen: LÖWE
Datum: 23. 7.–22. 8.

Sonnenstein

Symbol: ♌
zugeordneter Planet: Sonne Symbol: ☉
Element: Feuer
Farbe: Gold, Gelb.
Edelsteine: Achat, Bergkristall, Diamant, Granat, Goldtopas, Rubin, Rutilquarz, Sonnenstein, Tigerauge.
Motto /Ausdruck: Ich will

Typische Eigenschaften: selbstbewußt, vital, großzügig, kreativ, optimistisch, organisatorisch.
Typische Schwächen (Typische Eigenschaften, die es noch umzuwandeln gilt): herrschsüchtig, verschwenderisch, überheblich, triebhaft.
Lernaufgabe (Weg aus dem Angstpunkt): Indem er auf seine eigene Stärke, seine intuitiven Talente und seine innere Führung vertraut, entfaltet der Löwe seine Fähigkeiten und reift zu einer selbstsicheren, optimistischen und kreativen Person.

Tierkreiszeichen: JUNGFRAU
Datum: 23. 8.–22. 9.
Symbol: ♍
zugeordneter Planet: Merkur Symbol: ☿
Element: Erde
Farbe: Beige, Lindgrün
Edelsteine: Achat, Amethyst, Azurit, Karneol, Jaspis, Saphir, Sodalith, Tigerauge.
Motto /Ausdruck: Ich analysiere

Amethyst

Typische Eigenschaften: hilfsbereit, ordentlich, pflichtbewußt, fleißig, vernünftig, anpassungsfähig.
Typische Schwächen (Typische Eigenschaften, die es noch umzuwandeln gilt): berechnend, gefühlsarm, launenhaft, egoistisch, zweiflerisch.
Lernaufgabe (Weg aus dem Angstpunkt): Indem die kritische Jungfrau lernt, ihrer inneren Führung zu vertrauen, kann sie Veränderungen leichter verkraften und schneller an ihr Ziel kommen.

Tierkreiszeichen: WAAGE
Datum: 23. 9.–22. 10.

Lapislazuli

Symbol: ♎
zugeordneter Planet: Venus Symbol: ♀
Element: Luft
Farbe: Grau, Hellblau, Grün
Edelsteine: Aquamarin, Aventurin, Koralle, Jade, Jaspis, Lapislazuli, Rhodonit, Saphir, Smaragd, Topas.
Motto /Ausdruck: Ich gleiche aus

Typische Eigenschaften: idealistisch, harmonisch, friedlich, kameradschaftlich, charmant, diplomatisch, gerecht.
Typische Schwächen (Typische Eigenschaften, die es noch umzuwandeln gilt): unentschlossen, bequem, eitel, oberflächlich, beeinflußbar, abhängig.
Lernaufgabe (Weg aus dem Angstpunkt): Indem sie ihre Gefühle ausdrückt und Dialoge mit ihren Mitmenschen führt, wird die Waage harmonischer und klarer.

Tierkreiszeichen: SKORPION
Datum: 23. 10.–21. 11.

Obsidian

Symbol: ♏
zugeordneter Planet: Pluto Symbol: ♇
Element: Erde
Farbe: Granatrot, Giftgrün
Edelsteine: Achat, Granat, Hämatit, Jaspis, Magnetit, Malachit, Obsidian, Rubin, Sardonyx.
Motto /Ausdruck: Ich begehre

Typische Eigenschaften: willensstark, verschwiegen, wandlungsfähig, perfektionistisch, zielstrebig.
Typische Schwächen (Typische Eigenschaften, die es noch umzuwandeln gilt): selbstzerstörerisch, leidenschaftlich, fanatisch, gewalttätig, triebhaft.
Lernaufgabe (Weg aus dem Angstpunkt): Lernt der Skorpion alte Sichtweisen loszulassen und neue Ideen auszuprobieren, kann er sich besser entwickeln und Geheimnisse ergründen.

Tierkreiszeichen: SCHÜTZE
Datum: 22. 11.–20. 12.
Symbol: ♐
zugeordneter Planet: Jupiter Symbol: ♃
Element: Feuer
Farbe: Violett, tiefes Blau
Edelsteine: Amethyst, Dumortierit, Lapislazuli, Obsidian, Purpurit, Saphir, Sodalith, Sugilit, Topas, Türkis.
Motto /Ausdruck: Ich sehe

Sugilit

Typische Eigenschaften: ehrgeizig, freiheitsliebend, tolerant, optimistisch, gerecht, intuitiv, kreativ, begeisterungsfähig.
Typische Schwächen (Typische Eigenschaften, die es noch umzuwandeln gilt): taktlos, leichtsinnig, rechthaberisch, verschwenderisch, angeberisch.
Lernaufgabe (Weg aus dem Angstpunkt): Indem der Schütze in die Tiefe geht und versucht, den Sinn des Lebens zu ergründen, wächst er seelisch und geistig.

Tierkreiszeichen: STEINBOCK
Datum: 21. 12.–20. 1.

Turmalin

Symbol: ♑
zugeordneter Planet: Saturn Symbol: ♄
Element: Erde
Farbe: Schwarz, Grau, Indigo
Edelsteine: Bergkristall, Chrysopras, Obsidian, Onyx, Rauchquarz, Rubin, Turmalin schwarz.
Motto /Ausdruck: Ich gebrauche

Typische Eigenschaften: ausdauernd, ehrgeizig, ordentlich, gewissenhaft, ernst, klar, einfach, pflichtbewußt, konzentriert.
Typische Schwächen (Typische Eigenschaften, die es noch umzuwandeln gilt): einsam, hart, freudlos, kontaktarm.
Lernaufgabe (Weg aus dem Angstpunkt): Indem er sich auf das Wesentliche konzentriert, dabei aber flexibel bleibt, kann der Steinbock große Ziele erreichen.

Tierkreiszeichen: WASSERMANN
Datum: 21. 1.–19. 2.

Fluorit

Symbol: ♒
zugeordneter Planet: Uranus Symbol: ♅
Element: Luft
Farbe: Eisblau, helle, metallische Farben
Edelsteine: Aquamarin, Apatit, Azurit, Chrysokoll, Coelestin, Fluorit, Malachit, Mondstein, Opal, Türkis, Paraiba-Turmalin.
Motto /Ausdruck: Ich weiß

Typische Eigenschaften: unabhängig, spontan, abenteuerlustig, genial, reformerisch, einfallsreich.
Typische Schwächen (Typische Eigenschaften, die es noch umzuwandeln gilt): unruhig, gefühlskalt, lebensfremd, ängstlich, überspannt, nervös.
Lernaufgabe (Weg aus dem Angstpunkt): Durch eine übergeordnete Sichtweise und Zukunftsvisionen findet der Wassermann zu seiner Stärke, aber er sollte sich dabei auch den Anforderungen des täglichen Lebens stellen.

Tierkreiszeichen: FISCHE
Datum: 20. 2.–20. 3.

Aquamarin

Symbol: ♓
zugeordneter Planet: Neptun Symbol: ♆
Element: Wasser
Farbe: Meergrün, Pastellfarben
Edelsteine: Amethyst, Aquamarin, rosa Koralle, Jade, Opal, Mondstein, Perle, Türkis.
Motto /Ausdruck: Ich glaube

Typische Eigenschaften: phantasievoll, mitfühlend, einfühlsam, intuitiv, selbstlos, hellsichtig.
Typische Schwächen (Typische Eigenschaften, die es noch umzuwandeln gilt): unordentlich, beeinflußbar, unklar, labil, verwirrt.
Lernaufgabe (Weg aus dem Angstpunkt): Durch Verantwortungsbewußtsein, Erkenntnis und Selbstvertrauen gelangt der Fisch zu Wahrheit, Einheit und Transzendenz.
Abwehrkräfte
Achat

Register

Bildnachweis

Kinderfoto S. 32 Dr. Linz, München, Extrafotos zu Nr. 11 und Foto Nr. 13 Toni Ott, Landshut, alle anderen Fotos Horst Heilgendorf und Helmut Hofmann, Teneriffa.

Dank

Dieses Buch widme ich Cornelia.
Vielen Dank für die moralische Unterstützung und die Mithilfe.
Mein Dank gilt auch Horst Heilgendorf für die Fotos; Rosi, Gabriele, Adan und Sabine, die sich als Modelle zur Verfügung stellten, Harald, der mich bei Computerproblemen unterstützte sowie dem gesamten Hotel Oceano, das mir den Rahmen für meine Arbeit bietet.

Zum Autor

Helmut G. Hofmann, geb. 1948 in Nürnberg. Diplom-Betriebswirt, selbstständiger Kaufmann und spanischer Heilpraktiker lebt seit 1977 auf Teneriffa und führt dort ein Edelsteincenter. Der Autor ist Reikimeister und -lehrer und wendet Reiki und die Edelsteintherapie an. Zu diesen Themen veranstaltet er in Deutschland und Teneriffa Seminare.
Zudem entwirft und verkauft er individuelle, erlesene Schmuckstücke aus Gold und auserwählten Edelsteinen und stellt harmonisierende Edelsteinketten her.

Weitere Bücher des Autors

Die Botschaft der Edelsteine, (mit Antje) H. Hugendubel Verlag, 1988
Naturkosmetik mit Edelsteinen, (mit Antje) H. Hugendubel Verlag, 1989
Orchideen und Edelsteine, (mit A. Korte und Antje) Bauer Verlag, 1992
Gesundheit und Kraft durch Edelsteine, H. Hugendubel Verlag, 1993
Edelsteintherapie – kurz & praktisch, H. Bauer Verlag, 1995
Das Edelstein Tarot, H. Hugendubel Verlag, 1996
Die Chakrakarte, (mit B. Baginski) Context Verlag, 1993
Numerologieschlüssel, Context Verlag, 1995
Der Tarotschlüssel, Context Verlag, 1995
Der Astro-Schlüssel, Context Verlag 1996
Der Edelstein-Schlüssel, Context Verlag 1996
Der Trennkost-Schlüssel, Context Verlag 1996
Edelstein-Therapie, Video, H. Bauer Verlag, 1996
12 Sternzeichen-Karten, Urania Verlag, 1997

Informationen über Seminare, persönliche Edelsteinketten und Steine:

Helmut G. Hofmann
Aquamarina-Oceano
E-38240 Punta del Hidalgo
Teneriffa
Tel.: 00 34 22/15 60 00